¡VUELE!

¡VUELE!

Construya su visión
desde cero

T. D. JAKES

New York   Nashville

Copyright edición en español © 2018 por Hachette Book Group, Inc.

Publicado en inglés bajo el título *Soar!* por FaithWords/Hachette Book Group, Copyright © 2017 por TDJ Enterprises, LLP

Diseño de portada por Jason Scuderi

Fotografía de portada por Martin Adolfsson

FaithWords

Hachette Book Group

1290 Avenue of the Americas, New York, NY 10104

faithwords.com

twitter.com/faithwords

Primera edición: mayo 2018

FaithWords es una división de Hachette Book Group, Inc. El nombre y logotipo de FaithWords es una marca registrada de Hachette Book Group, Inc.

La editorial no es responsable de los sitios web (o su contenido) que no sean propiedad de la misma.

El Hachette Speakers Bureau ofrece una amplia gama de autores para eventos y charlas. Para más información, vaya a www.hachettespeakersbureau.com o llame al (866) 376-6591.

A menos que se indique lo contrario, el texto bíblico ha sido tomado de *La Santa Biblia*, Nueva Versión Internacional® NVI® Copyright © 1999 por Biblica, Inc.® Usada con permiso. Todos los derechos reservados mundialmente.

Las escrituras marcadas como "NTV" son tomadas de la Santa Biblia, Nueva Traducción Viviente, © Tyndale House Foundation, 2010. Usada con permiso de Tyndale House Publishers, Inc., 351 Executive Dr., Carol Stream, IL 60188, Estados Unidos de América. Todos los derechos reservados.

Las escrituras marcadas como "RVR1960" son tomadas de la versión Reina-Valera © 1960 Sociedades Bíblicas en América Latina; © renovado 1988 Sociedades Bíblicas Unidas. Usada con permiso. Reina-Valera 1960® es una marca registrada de la American Bible Society, y puede ser usada solamente bajo licencia.

Las escrituras marcadas como "RVC" son tomadas de la versión Reina Valera Contemporánea ® © Sociedades Bíblicas Unidas, 2009, 2011.

Traducción y edición en español por LM Editorial Services | lydia@lmeditorial.com, en colaboración con Belmonte Traductores.

ISBN: 978-1-455-55393-8 / E-ISBN: 978-1-478-94787-5

Impreso en los Estados Unidos de América

LSC-C

10 9 8 7 6 5 4 3 2

A los más de diez mil exreclusos que se han graduado exitosamente de nuestra Iniciativa de Reinserción de Delincuentes de Texas (T.O.R.I. por sus siglas en inglés). Su fortaleza, determinación, fe y dedicación son un ejemplo de lo que significa construir una nueva vida y remontarse en vuelo como las águilas. ¡Sigan volando a la vez que inspiran otros a seguirles por el cielo!

Índice

Introducción: ¡Despejado para el despegue! 1

PARTE I
TENGA UNA AMPLIA VISIÓN DE SU DESTINO

1. Arranque su vuelo—Ponga en marcha la visión 15
2. Vientos y tendencias—Conozca sus condiciones 31
3. Niña, ¡levántate!—Cuando el viento sopla a favor 51

PARTE II
CONSTRUYA SUS ALAS

4. Se necesitan dos—Inspiración e innovación 71
5. El plan de vuelo—Su plano para el éxito 88
6. Alas invisibles—Volar en las alas del comercio electrónico 109

PARTE III
SOBREVUELE LAS NUBES

7. Tripulación de vuelo—Reunir a su equipo de ensueño 135
8. Lo que sube, debe bajar—Liderazgo empresarial 101 157
9. Fracasar rápido y estrellarse al final—Liderazgo empresarial 102 177

PARTE IV
VUELE A NUEVAS ALTURAS

10. Crecer hacia delante—Ocúpese de sus asuntos   197

11. El milagro del mercadeo—Quemar su cajón para volar más alto   213

12. Nuevas fronteras—Crear su legado   232

Reconocimientos   247

Apéndice: Referencias y recursos   249

Otros recursos   257

Acerca del autor   261

INTRODUCCIÓN

¡Despejado para el despegue!

Si trabajáramos sobre la suposición de que lo que es aceptado como verdadero es realmente verdadero, entonces habría poca esperanza para el avance.

—Orville Wright

U no nunca olvida la primera vez que vuela. A toda velocidad por la pista de despegue dentro de un inmenso cilindro metálico con alas, uno respira agitadamente cuando el avión cobra mayor impulso aún y se eleva, al darse cuenta de que esa máquina de dos toneladas en la que uno está, ya no toca el suelo. Por la ventanilla, se observan la terminal, el estacionamiento, los árboles, las praderas, las casas, los parques, los negocios, los vehículos y las autopistas cómo se van poniendo cada vez más pequeños hasta parecer como juguetes de niños esparcidos por una colcha de color gris, marrón y verde.

Entonces ya no se puede ver lo que hay por debajo a medida que el avión sigue ascendiendo cada vez más hasta una expansión de color azul bordada de blanco. Uno sonríe para sí mientras rayos dorados de luz solar se filtran entre las nubes como si fueran manos gigantescas que están tocando la seda interminable del cielo. La mente se maravilla ante el hecho de estar a miles de pies de altura a la vez que el estómago da tumbos para recordarnos que prefiere el terreno firme que hay abajo.

Los únicos sonidos son el somnoliento zumbido de los motores del avión y el propio latido del corazón que golpea a un ritmo de cierto terror y cierta alegría por igual. Nos preguntamos si es así como vuela un ave y planea en las alturas por encima de la superficie, sin mirar nunca atrás a la rama de la cual partió, solamente hacia adelante al horizonte distante. Sabemos que nunca olvidaremos esta experiencia y todas sus sensaciones de deleite y asombro, ansiedad y temor.

Quizá la primera vez que usted voló no fue tan mágica como la mía, pero apuesto a que fue igual de memorable. Yo era joven, probablemente tendría como unos once o doce años de edad, y volaba solo desde Charleston, West Virginia, hasta Cleveland, Ohio, donde mi padre estaba recibiendo tratamiento médico para la enfermedad renal que finalmente le arrebataría la vida. Mi madre, que ya estaba allí, sería quien iría a recogerme cuando llegara. Incluso mi preocupación por la salud de mi padre no pudo enfriar la emoción que experimenté al volar aquella primera vez como pasajero infantil.

Esa emoción fue encendida en mí años antes cuando mi padre llevaba en el auto a nuestra familia colina arriba hacia el aeropuerto para experimentar uno de los placeres sencillos y totalmente gratuitos de la vida: ver el ir y venir de los aviones. Los días de verano en especial conducíamos hasta allí y estacionábamos donde tuviéramos una vista óptima de los aviones Cessna con sus acomodados viajeros negociantes, al igual que los aviones 747 comerciales que transportaban a diversos pasajeros por los amigables cielos. El sol de color rojizo iba descendiendo por el cielo de la tarde, cargado por el peso de su propio calor sofocante, y todos bajábamos las ventanillas para sentir una brisa mientras mis hermanos y yo nos reíamos y señalábamos, tanto unos como los otros, las nubes concretas (un camello, una montaña rusa, la cara de una de nuestras tías) mientras esperábamos a que despegara o aterrizara el siguiente avión.

No podíamos permitirnos los viajes a las playas de Florida o unas vacaciones en el Gran Cañón de los que presumían mis compañeros de clase el resto del verano. Pero teníamos la mejor alternativa que estimulaba nuestra imaginación más que cualquier visita a Disneylandia: hacer aquel viaje hasta el aeropuerto de vez en cuando, antes o algunas veces después de la cena. Mientras estábamos sentados en el vehículo o nos aventurábamos a salir al estacionamiento para mirar más de cerca, nos imaginábamos que íbamos en aquellos aviones, viajando Dios sabe dónde, ¡para ver Dios sabe qué!

Desafiar la gravedad

Volar por primera vez se parece mucho a crear un negocio propio, lanzar una pequeña empresa, o establecer una organización sin fines de lucro. Emprender tales aventuras requiere vencer el temor inherente de dejar atrás la seguridad del terreno firme, desafiar la gravedad, y embarcarse en un viaje de variables inesperadas dentro de patrones predecibles hacia un destino deliberado. En otras palabras, ¡ambas cosas requieren un poco de locura y mucha valentía!

Sentado allí siendo niño, viendo el ir y venir de los aviones, me encantaba escuchar a mis padres decirnos que sus padres se criaron durante una época en que lo único que podían ver en el cielo eran aves y nubes, ocupando un espacio donde las personas no podían ir. Mi mamá nació en el año 1926, y aunque no estoy seguro de cuándo nació su madre, sospecho que fue alrededor de la época en que los hermanos Wright lanzaron por primera vez con éxito su avión de alas fijas en Kitty Hawk, Carolina del Norte, en 1903. ¿Por qué sospecho eso? ¡Porque mis tías abuelas tuvieron miedo a volar hasta que murieron!

Yo no tenía tanto miedo como curiosidad. Incluso, de niño, no podía evitar preguntarme lo que debían haber tenido en sus mentes y sus corazones Orville y Wilbur Wright que les hizo construir una máquina lo bastante pesada para sostener a seres humanos, y a la vez lo bastante ligera para poder volar por el aire. ¿Qué les impulsó a utilizar restos de materiales de una tienda de bicicletas para construir alas que cambiarían para siempre el mundo? ¿Qué les impulsó a probar y fallar, y volver a probar más, y seguir probando una y otra vez, incluso cuando tenían el viento en contra? Fuera lo que fuera, ¡su búsqueda apasionada de la innovación transformó la inspiración y transpiración en la aviación!

Los hermanos Wright sabían que las leyes de la gravedad obraban en su contra. Sabían que la gente pensaba que ellos estaban locos incluso por intentar crear una máquina voladora que pudiera planear por los cielos por encima de todos los demás. Sin embargo, ellos desafiaron los pronósticos, y la gravedad, al negarse a abandonar hasta que descubrieron nuevas leyes, principios de la aerodinámica que permitían que una máquina de cierto peso viajara a cierta velocidad para agarrar impulso y volar. Aquellos pioneros de los cielos crearon una nueva normalidad, un cambio de paradigma tan innovador que transformó el modo en que viajamos, hacemos negocios y llevamos a cabo guerras.

Ahora bien, quizá no está usted interesado en construir una máquina voladora. Pero en esencia, la aventura de los hermanos Wright es la meta de todo emprendedor. ¿Qué tiene que construir usted a fin de remontarse hasta el cielo de la viabilidad económica? ¿Cómo puede tomar lo que tiene y escapar al empuje gravitatorio de un salario que limita su capacidad de escapar de una vida de salario en salario?

Al final del día, la misma tenacidad innovadora e implacable que impulsó a los hermanos Wright determina la dirección de sus propios sueños. Es el poder de una creencia transformadora sostenida firmemente en su lugar, la idea osada que dice que tan solo porque yo no lo he visto modelado en mi pasado no significa que no pueda crear algo que cambie la trayectoria de mi futuro. Con palabras sencillas, es el poder de hacer que lo aparentemente imposible se convierta en su nueva realidad.

Cuando yo estaba de pie en el estacionamiento viendo volar a todos aquellos aviones hace tantos años, me preguntaba si alguna vez viajaría más allá de los límites dentro de los que nací embarcándome en un vuelo que me llevara a nuevas y emocionantes aventuras, y a una vida definida por la posibilidad ilimitada. ¿Podría crear yo mi propia máquina voladora que me permitiría remontarme hacia un futuro con más opciones y oportunidades de las que ofrecía en el presente el terreno sobre el que reposaban mis pies? Allí de pie siendo un muchacho supe que algún día, de alguna manera, mi visión personal de lo que yo podría hacer se convertiría en realidad. Yo construiría algo que me transportaría más allá de donde estaba hasta el lugar donde también yo podría remontarme en vuelo como el águila con la ayuda del Señor.

Sabía que podría construir mi visión desde cero y encontrar la potencia para hacerla *volar*, ¡y eso ha marcado toda la diferencia!

Haga que su visión despegue

También usted tiene en sus manos la capacidad de volar.

Puede que no lo supiera o lo creyera a una edad tan temprana como yo, pero sin embargo sigue siendo cierto. Usted no tiene alas de ángel que salen de sus omóplatos, no posee súper poderes como muchos héroes en las pantallas de nuestros cines, ni tampoco posee un avión Cessna. Pero si tiene el deseo de que haya avance en su vida y está dispuesto a arriesgar la comodidad familiar del lugar donde está a cambio de la emoción que la adrenalina impulsa hacia dónde quiere ir, entonces puede volar. El vuelo es posible incluso para quienes están fatigados emocional, financiera y creativamente. Usted puede tomar su visión, transformarla en algo notable, y alcanzar alturas que nunca habría imaginado.

Si duda de mi fe en el vuelo para su propia vida, entonces considere el viento: invisible y a la vez lo suficientemente potente para derribar edificios. Aunque proporciona altura para aviones que pesan miles de kilos, el viento no tiene color, no tiene textura, no tiene forma visible, ni tiene una intencionalidad consciente. Como fuerza de la naturaleza, es más fácil documentar el viento por sus efectos externos que por sus atributos inherentes.

Es similar para una persona ascender desde donde está hasta donde quiere estar: su ascendencia por fuera debe comenzar con la trascendencia de una visión personal para lo que puede ser en el interior. Tan ciertamente como el viento mueve un 747, un cambio en la perspectiva de su vida no siempre puede comunicarse adecuadamente mediante el lenguaje; pero su efecto podría tener consecuencias inmediatas y también generacionales sobre su capacidad para alcanzar nuevas alturas por encima de su envergadura actual.

Y de eso trata este libro.

Compartiré muchos consejos mientras nos preparamos para este viaje. Es mi esperanza que sean valiosos, ya sea usted nuevo en todo este proceso emprendedor o sea un venerable veterano que catapulta nuevas aventuras en el salvaje cielo azul. No lo sé todo sobre ser un emprendedor exitoso, pero lo que sí sé lo ofrezco humildemente en estas páginas. Su plan de negocio, ya sea conceptual o concreto, servirá como su manual de vuelo para hacer despegar su visión y sostener un vuelo exitoso hacia un destino divino que está por encima de su imaginación.

Desde la torre de control

Años atrás, cuando era mucho más joven, trabajé para la ahora extinta Piedmont Airlines en la zona de recogida de equipajes. Fue solamente un empleo de verano, pero después de mis primeros años de observar a los aviones desde el estacionamiento, pude tener una visión mucho más cercana del modo en que operaban. Supe rápidamente que un avión que aterriza recibe indicaciones y dirección de la tripulación en tierra. Ondeando una bandera de brillantes colores o un bastón iluminado, esos miembros del equipo guiaban al piloto para que estacionara el avión en una puerta concreta o en otra zona designada para que los pasajeros y las maletas fueran descargados.

Aprender esas señales era un requisito para cualquier empleado de la aerolínea a tiempo completo que trabajara en la pista, y obviamente los pilotos tenían que entender lo que significaban esas señales para poder cumplirlas. Pero también reconocí que cuando llegaba el momento de que un avión despegara, no se implementaban ni se veían tales señales en tierra. Todas las indicaciones provenían del elevado pináculo de la torre de control que tenía la tarea de dirigir al piloto por el laberinto de otros vuelos que también despegaban y aterrizaban. El piloto recibía indicaciones transmitidas por una voz en sus auriculares. Independientemente de cuán experimentado pudiera haber sido el piloto, él era incapaz de ver a todos los demás aviones acechando entre las nubes, transitando en círculo por el aeropuerto, o preparándose para aterrizar. Este tipo de dirección la daba la persona informada en la torre, alguien con la capacidad de tomar en consideración información global que no solo era privilegiada sino también fundamental para aumentar la seguridad y evitar calamidades.

Como un controlador de tráfico aéreo veterano, yo quiero hacer lo mismo para usted. Quiero ayudarle a evitar la peligrosa responsabilidad de no ver claramente información que podría cambiar de modo drástico el resultado de su despegue suave hacia los cielos desconocidos. A continuación tenemos algunos consejos que están pensados para beneficio de aumentar la probabilidad de éxito y disminuir la probabilidad de bajas y daños colaterales relacionados con hacer despegar su nueva aventura. Desde mi ubicación tras muchas décadas de vivir, trabajar y desarrollarme como emprendedor, espero poder proporcionarle información vital para ayudarle a ganar velocidad y también ofrecer pautas directivas para evitar potenciales desastres que podrían hacer que se estrellara.

Una perspectiva a vista de pájaro

No hay ninguna fórmula fácil para el éxito empresarial, ya que parte de la alegría inherente en volar es construir sus propias alas desde cero y descubrir nuevos destinos. Pero a lo largo de los años, he identificado un proceso adaptable y progresivo que enfocará sus energías en maneras más productivas para el vuelo sostenible de su nueva aventura. Para el emprendedor que ya está en el aire, espero introducir conceptos que le permitirán llegar a ser más aerodinámico y aumentar su impulso disminuyendo el exceso de equipaje que impide su ascenso. Algunos pasos en el proceso puede que le resulten familiares mientras que otros pueden sorprenderle, pero puedo garantizarle que todos ellos lo retarán, lo inspirarán y lo elevarán por encima del nivel terrestre.

Esta es una perspectiva a vista de pájaro de nuestro viaje juntos.

1. *TENGA UNA AMPLIA VISIÓN DE SU DESTINO*
Primero exploraremos cómo convertir sus sueños inalcanzables en peleas que pueda ganar en la batalla para lograr que

su visión despegue. Hablaremos sobre cómo conectar con su pasión y cómo identificar sus motivos para querer volar como nuevo dueño de un negocio, descubriendo a lo largo del camino por qué el momento nunca ha sido mejor para que además emprendan vuelo las mujeres emprendedoras. A continuación, lo guiaré a identificar un problema que se interpone entre su pasión, porque sin importar cuán dotado y entusiasta pueda usted ser, si no hay ningún mercado para lo que usted quiere ofrecer, estará destinado a recorrer una pista interminable de futilidad frustrante. Profundizando en su deseo de ser un emprendedor, examinaremos el compromiso requerido si quiere que su visión emprenda el vuelo.

2. *CONSTRUYA SUS ALAS*
Emprender la acción para convertir su sueño en una máquina voladora requiere un plan de vuelo estratégico y la capacidad para utilizar los materiales que tiene a su disposición. Al igual que con la construcción de un avión, la mayoría de los emprendedores comienzan con pedazos, partes y potenciales. Su maestría en fusionar esos fragmentos crea la singularidad de su marca y apresura su meta de operar a altitudes mayores de las que sus experiencias pasadas le han proporcio nado. Aunque imitar a quienes han ido por delante de usted es crucial para su éxito, saber cómo y cuándo innovar y trazar su propio camino es igualmente fundamental. Y si quiere construir un avión capaz de un vuelo sostenido, necesita una tripulación de vuelo de espíritus parecidos que estén dispuestos a construir, establecer vínculos y subirse con usted a esta nueva aventura.

3. *SOBREVUELE LAS NUBES*
Desafiar la gravedad y despegar del suelo es solo el primer paso para sostener un vuelo tranquilo y largo para su nuevo

negocio. Entienda que entre el despegue y la estabilidad experimentará cierto periodo de volatilidad que es inherente al crecimiento. A medida que aprenda a anticipar las turbulencias como parte del proceso, descubrirá que el aire en bruto es siempre un atributo de ascenso. Su habilidad de anticipar esa turbulencia en lugar de ser sacudido por ella es una parte importante del vuelo. La experiencia revela que lo que puede parecer desgarrador al principio es meramente una señal de que está usted a un nivel más alto. Puede relajarse en medio de esos rebotes y explorar nuevas rutas por encima y por debajo de su altitud actual, donde su negocio pueda disfrutar de un vuelo tranquilo. Aprender desde temprano de los pequeños errores determina con frecuencia la diferencia entre la capacidad de su negocio de sobrevivir a una crisis y la probabilidad de que se estrelle.

4. *VUELE A NUEVAS ALTURAS*
Prosperar y crecer requieren frecuentemente adaptarse a nuevas condiciones, ajustar su plan de vuelo, e incluso cambiar de rumbo hacia un nuevo destino. Aunque puede parecer obvio que hay que reabastecer los motores y mantener el cuerpo de su negocio, puede que se sorprenda por cuántas aventuras nuevas fracasan en su primer año debido a errores e interpretaciones erróneas fácilmente evitables. Independientemente del enfoque de su apertura, cuando está en el aire puede usted romper las barreras más allá de las posibilidades anteriores, si está dispuesto con valentía a ir donde nadie más ha ido antes.

Alcanzar las nubes

Cualquiera que pueda ser su negocio, nunca funcionará si no puede despegar y subir a las alturas. Espero poder compartir con usted consejos y herramientas que lo ayudarán a construir la fortaleza interior necesaria para que su sueño transite por la pista y se eleve. Al guiarle y ayudarle hasta lo mejor de mi capacidad, quiero que experimente el júbilo que proviene solamente de ver algo que usted ha creado desde cero captar los vientos y las tendencias del vuelo sostenible. No hay sentimiento mayor y más satisfactorio en todo el mundo que dar nacimiento a un sueño con fuertes alas.

Si nunca ha hecho eso o si lo ha hecho muchas veces antes, sabe que implica riesgos. Pero en cualquier empresa de valor, el riesgo es un requisito para cosechar recompensas. Sí, habrá una oleada de temor ansioso, el cual es una precaución sana. ¡Tan solo imagine lo que debieron haber sentido los hermanos Wright cuando su avión despegó de la superficie y alcanzó las nubes! Sin duda, fue un momento cardiaco y mareante de júbilo como ningún otro. Y usted también puede sentirlo: esa emoción que experimenta cada visionario cuando sus ideales abstractos y sus fantasías figuradas se materializan y levantan el vuelo.

Por lo tanto, prepárese y abróchese el cinturón, ¡porque objetos e ideas que están por encima sin duda están a punto de cambiar! Tenga usted veintiséis años o sesenta y seis, este sentimiento de elevar el vuelo hace que se le erice el cabello, ¡o que sienta un hormigueo en su calva! Ya puede comenzar a sentir que usted mismo se despega del empuje gravitacional que mantiene en tierra a los que miran. ¡Sus pies están deseando elevarse en el aire y ascender a medida que su visión se convierte en realidad! Este es el momento crucial decisivo que crea el júbilo de los emprendedores, una altura que está más allá de cualquier cosa que usted haya experimentado jamás.

¿Está listo? ¿Está dispuesto a abandonar la seguridad de donde está a fin de volar por arriba en los cielos sin límite? Entonces, gire la página, mi amigo empresario, y comencemos; ¡se le ha dado permiso para el despegue!

PARTE I

TENGA UNA AMPLIA VISIÓN DE SU DESTINO

La esperanza frustrada aflige al corazón; el deseo cumplido es un árbol de vida.

—Proverbios 13:12

CAPÍTULO 1

Arranque su vuelo

Ponga en marcha la visión

Volar sin plumas no es fácil.

—Plauto

La gente con frecuencia me pregunta: "Obispo Jakes, ¿cómo puede hacer todo lo que hace? ¿Cómo compagina su ministerio con las conferencias, la cinematografía, la producción y la escritura?". Por lo general, estas preguntas van seguidas de más interrogantes sobre las diversas actividades que consumen mis energías y cómo otros pueden de igual modo convertir sus pasiones en posibilidades. Aunque no hay una respuesta de talla única que siente bien a todos, me gusta responder estas preguntas porque mis respuestas se pueden encontrar en mi forma de ver el mundo y el rol que desempeño en él. Dicho de forma simple, me considero un emprendedor, aunque ese es el término "fino", como solía decir mi abuela.

De hecho, procedo de una familia de emprendedores, pero nunca usábamos esa palabra para describirnos. Mi padre siempre decía que solo intentaba ser espabilado, estar activo, y mantenerse en el juego, como todos los demás. Quizá usted considere el término *espabilado* un tanto irreverente para describir a mi querido papá, Ernest Jakes, pero no me viene a la mente ninguna otra palabra para describir su combinación de energía infinita, desesperada innovación e implacable determinación.

Mi padre fue un buen hombre, trabajador incansable. La visión de su vida no fue hacerse rico o famoso. Él consideraba tales aspiraciones demasiado elevadas para alguien tan bajo en el tótem proverbial de la vida. Mi padre se esforzaba tan solo para que nosotros pudiéramos salir adelante. Trabajaba en dos turnos y los fines de semana, para que él y mi madre pudieran finalmente permitirse algunas comodidades como un timbre, alfombra en la sala y quizá, si podían ahorrar lo suficiente, un garaje donde poder guardar sus herramientas y proteger su camioneta de las inclemencias del tiempo.

Mi padre no estaba desprovisto de ambición, pero no era la fuerza motivadora de su corazón. Era un hombre de color en la década de los sesenta, educando a una familia en West Virginia, que no tenía tiempo para pensar en lo que podía adquirir más allá de suplir nuestras necesidades básicas. No estaba soñando con un reluciente Cadillac nuevo o muebles del baño chapados en oro. Solo intentaba comprar una casa para su familia que quizá tuviera más de un baño y quizá un cuarto para cada uno de sus tres hijos. Esas eran sus metas. Eran sencillas, y él estaba enfocado en proveer para su familia.

Y para hacer eso, tenía que ingeniárselas como fuera.

La actitud afecta la altitud

En mi infancia, cuando alguien me preguntaba a qué se dedicaba mi padre, siempre era una pregunta difícil de responder para mí, porque él hacía *de todo*: vendía electrodomésticos y artículos para el hogar para una empresa llamada Service Wholesale. Los fines de semana tenía otro trabajo vendiendo pescado fresco que se traía a la ciudad en tren. Mi madre, hermano, hermana y yo pesábamos y lavábamos el pescado, después envolvíamos cada pieza en papel de periódico antes de volver a poner de nuevo el pescado en las cajas. Entonces mi padre conducía por todo el vecindario, yendo de casa en casa, vendiendo el pescado a vecinos con una mínima ganancia.

Ya fuera vendiendo nuevos utensilios de cocina o truchas frescas, la vieja y desgastada camioneta Ford roja era su "canal de distribución". Ese vehículo también servía para llevarle a sus otros empleos, como trabajos pequeños para los vecinos y limpiar empresas locales al terminar la jornada laboral. Por fortuna, en el proceso de trabajar en todos esos empleos, mi padre finalmente dio con una empresa mediante la cual pudo dejar muchos de sus empleos secundarios y enfocarse en una empresa primaria.

Gradualmente pasó de ser un obrero que hace de todo y varios empleos a la vez a ser un emprendedor particularmente enfocado. Tuvimos a otros en nuestra comunidad que allanaron el camino, algunos doctores y abogados de color con sus propias consultas. Esos hombres educados tuvieron que montar sus propios negocios también, pero como tenían educación formal, sabían que los negocios consistían en algo más que en hacer la venta. Sabían que uno tiene que estar bien experimentado en los negocios, proporcionando también el servicio al igual que la gestión.

Al recordar sospecho que ellos aprendieron esta lección rápidamente, aunque mi padre nunca lo hizo. Él nunca obtuvo un título universitario como ellos lo hicieron, y nunca tuvo una riqueza de oportunidades. Lo que sí tenía era un trapeador, un cubo, una buena ética laboral, creatividad y una actitud que decía: yo sí puedo y nunca voy a rendirme. Con eso, mi padre comenzó una empresa de servicios de conserjería, comenzando como empresa de un solo hombre que limpiaba edificios de oficinas.

Mi padre escarbaba y revolvía para hacer todo lo que tenía que hacer: conseguir nuevos clientes, dar a conocer su empresa, y por supuesto la limpieza en sí. Con los años, levantó su empresa hasta tener más de cincuenta empleados, con contratos de conserjería por todo el estado. Incluso tuvo que conseguir una oficina pasado un tiempo, y finalmente contratar a una secretaria, Greta, que tenía un brillante cabello rojizo.

Aunque su empresa estaba creciendo y él proporcionaba el sostén para su familia, mi padre nunca fue capaz de llegar a un nivel más alto debido a su mentalidad. Elevó del suelo las alas de su visión, pero nunca dejó la escasa altitud de su actitud de tener que hacerlo él todo. Luchaba con dirigir su negocio y a sus empleados porque lo llevaba del mismo modo que lo hacía cuando vendía pescado con su vieja camioneta Ford. Seguía de un lado a otro vendiendo su negocio en vez de cuidar de su negocio. No había nadie que lanzara una visión más grande y mirase el cuadro general, conectando los puntos entre los detalles diarios y el destino distante. Nadie se inmiscuía en el tema de su ajetreo, para asegurarse de que los libros de contabilidad estuvieran en orden, que se pagaran las facturas y que los clientes recibieran su pago a tiempo.

La visión de mi padre era limitada. Pudo construir su máquina voladora y elevarla al aire.

Pero no supo cómo ayudarla a volar.

El legado del trabajo de amor

Mi padre desarrolló su ética laboral honestamente. Estaba en su ADN porque su madre, mi abuela, era una persona imposible de tratar. A ella le había llegado de generaciones pasadas porque *su* abuela tuvo que recoger algodón para los amos de esclavos para poder sobrevivir. Así que ella transmitió a sus hijos esa actitud de hacer lo que fuera necesario.

Y mi padre no era el único emprendedor en nuestra casa. Mi madre era maestra por el día, pero cuando llegaba a casa después de trabajar, tomaba el poco dinero que ella y mi padre habían apartado y lo invertía en bienes raíces. Rentaba pequeñas casas y apartamentos, y cobró las rentas hasta el día que murió. Por lo tanto, en nuestra casa, la mentalidad de emprendedor era una reliquia de familia transmitida de generación en generación por ambas partes de la familia.

Así es como su ejemplo de emprendedor, el legado de su trabajo de amor, me llegó a mí. Cuando yo era pequeño, no obstante, no tenía ni idea de que mis padres estaban estableciendo ejemplos que influenciarían mi futuro. Realmente no sabía lo que estaba ocurriendo ni me daba cuenta de cuánto estaba absorbiendo al escuchar, ver y contribuir a sus esfuerzos. Pero nadie podría tener el tipo de ética de trabajo apremiante que tenían ellos y no influenciar a sus hijos. A lo largo de los años, su creatividad y su ingenio se metieron en mi cabeza, dentro de mis huesos, se convirtieron en parte de mi piel, y se grabaron en mi corazón.

La ética laboral de mi familia de tener su negocio propio, ganarse su propio dinero y no permitir la pereza, me penetró antes de que fuera un adolescente. De niño repartía periódicos, vendía productos de Avon e incluso vendía verduras del huerto de mi madre. Y esa ética laboral permaneció conmigo al entrar al ministerio. Comencé con solo diez miembros en mi iglesia, así que por supuesto no solo mantuve mi empleo de día, sino que también hacía trabajos pequeños para sostener a mi familia y a la iglesia.

Mis hermanos fueron igualmente influenciados por nuestros padres y sus expectativas para nosotros. Nos enseñaron a ser creativos, a formarnos, a hacer lo que hubiera que hacer. En la actualidad, mi hermano es agente inmobiliario y mi hermana es escritora. Todos sabemos cómo trabajar con lo que se nos ha dado; todos somos emprendedores de alguna forma. Y no fuimos solo nosotros. De diversas maneras, mis primos y otros familiares también son todos emprendedores.

Perfeccione su ingenio

Tristemente, mi padre murió cuando tenía cuarenta y ocho años y yo tenía solo dieciséis. Los médicos dijeron que la causa de su muerte fue un fallo renal debido a la hipertensión, pero yo discrepo. Quizá esa sea la explicación médica, pero yo creo que mi padre murió debido a su incapacidad para hacer la transición de esforzarse a volar. Su empresa podía haber ido mucho mejor y mi padre no habría tenido que trabajar tanto si hubiera aprendido lo esencial de un negocio. Yo creo verdaderamente que su empresa de conserjería habría volado si él hubiera tenido una visión mayor para su potencial y hubiera sabido cómo gestionarla adecuadamente.

La visión de mi padre era limitada, además nunca tuvo el entrenamiento administrativo, directivo y de liderazgo necesario para tomar la tremenda oportunidad que había creado con su servicio de conserjería y convertirla en un éxito mucho mayor. Hasta el día de hoy no puedo dejar de preguntarme hasta dónde habría llegado mi padre si hubiera sido capaz de construir una visión mayor para su vida, y después, a nivel práctico, colgar sus trapeadores, entregar sus cepillos y gamuzas a sus empleados, y cambiar esas responsabilidades por la tarea de desarrollar un plan de negocio, una estrategia de mercadeo y reportes mensuales. Si mi padre hubiera sido capaz de tomar esa visión y hacer ese cambio, estoy convencido de que eso habría asegurado su éxito. Quizá hubiera tenido una vida más larga sin el estrés constante que supone tener una mentalidad de ajetreo e ingenio.

Aunque es importante tener en su interior una visión y ese impulso, esa mentalidad de ser espabilado, ese anhelo de ser su propio jefe y dirigir su propia empresa, no es suficiente. Por muy necesaria y elogiable que sea ese tipo de ética laboral, necesitará hacer un cambio si quiere volar alto hasta nuevas alturas. De lo contrario, seguirá haciendo círculos y moviéndose por espacios pequeños y familiares. Si quiere volar alto, debe perfeccionar su ingenio para convertirlo en el motor de un emprendedor.

Luche por su vuelo

Cuando viajo a barrios pobres en el centro de las ciudades donde la economía ha disminuido hasta ir a paso de tortuga, veo a las personas intentando sobrevivir. Algunos venden sustancias ilegales, otros trafican con aparatos electrónicos en el mercado negro o productos de diseño, otros se ponen a limpiar, conducen para Uber, recogen basura, ayudan a la gente a moverse, u ofrecen algún otro servicio que pueden proporcionar. Son tanto jóvenes como mayores, adolescentes y pioneros luchando por mantener la cabeza fuera del agua.

Pero esa intensidad económica no solo se produce en el barrio urbano, porque cuando viajo a Manhattan y camino por la Quinta Avenida o Wall Street, paso junto a hombres y mujeres profesionales bien vestidos que se apresuran a aconsejar a clientes y a reunirse con vendedores, trabajando hasta muy tarde y haciendo lo que sea necesario para alcanzar un potencial óptimo. Veo a vendedores vendiendo perritos calientes, tacos y nueces tostadas en carritos temporales, artistas urbanos jóvenes tocando la guitarra y cantando en el parque o cerca de la estación de metro con un sombrero boca abajo para las donaciones.

Todos ellos son emprendedores a su propio estilo, usando lo que consideran más comercializable a cambio de necesidades, hipotecas y préstamos de estudios o solo para comprarse algo de comer.

Algunos tienen una visión que quieren construir y quizá se están esforzando por avanzar y disfrutar de productos de lujo y vacaciones exóticas, para ahorrar para la jubilación o para comprarse una casa mejor. Algunos incluso puede que estén desesperados o estén mal guiados en su búsqueda, pero ninguno de ellos es perezoso o apático respecto a la supervivencia humana. Todos tienen una razón para hacer lo que están haciendo, y por ahí es por donde usted también debe comenzar.

Si quiere pasar de gastar energía intentando despegar a realmente volar como un emprendedor, entonces debe identificar sus motivaciones. Para muchos de nosotros, el avance económico podría parecer la meta obvia que impulsa el motor interno de nuestra ambición, pero debo advertirle que si hacer dinero es su principal motivación para lanzar una nueva aventura, entonces está limitando automáticamente lo alto que puede volar. Sí, puede construir su máquina voladora y despegar del suelo, y quizá incluso sea capaz de mantenerse en vuelo durante una cantidad de tiempo considerable. En algún momento, no obstante, estará tan fatigado por el *jet lag* de su viaje que la abandonará fácil y rápidamente.

Sacar un beneficio ciertamente es un gran indicador de una empresa saludable, y los emprendedores quieren tener éxito financieramente tanto como los demás. Pero también quieren crear algo, construir un nuevo tipo de producto, servicio o invención que sea únicamente suyo. Otros habrán ido antes que ellos y habrán comenzado restaurantes similares, empresas de lavandería, salones y tiendas de moda, pero ninguno de sus predecesores habrá utilizado exactamente la misma combinación de recursos filtrados por su mezcla única de imaginación, inspiración e innovación. Para el emprendedor, hacer dinero solo crea más oportunidades de mejora, avance y expansión.

No hay nada malo en estar motivado por el deseo de hacer más dinero y elevar el estilo de vida de su familia; sin embargo, cuando el dinero se convierte en su principal motivador, por lo general se detendrá con bastante rapidez. Si solo le preocupan los márgenes de beneficio y no el cuadro general de su empresa como un todo, tomará atajos para obtener ganancias a corto plazo y perderá de vista los aspectos cualitativos de su esfuerzo. En la Biblia se nos dice: "Porque el amor al dinero es la raíz de toda clase de males. Por codiciarlo, algunos se han desviado de la fe y se han causado muchísimos sinsabores" (1 Timoteo 6:10). Observemos que el dinero no es el problema, sino nuestro amor al dinero por encima de todo lo demás. La motivación económica debe estar templada por una visión clara de lo que quiere lograr y la auténtica pasión por cualquier campo, industria, causa o producto que espere aportar al resto del mundo. También debe tener una pasión por la aventura, por el descubrimiento, por nuevas personas y lugares si quiere que su visión mantenga una perspectiva equilibrada y que llegue a nuevas alturas.

Alas rotas y sueños fracasados

Además de complementar la motivación económica para ser un emprendedor, su pasión también le ayudará a asumir riesgos, aprender de sus errores y practicar la perseverancia. Si quiere una carrera segura, clara y coherente, entonces probablemente debería conseguir un trabajo seguro en un campo como la contabilidad, la tecnología o los recursos humanos en una corporación bien establecida y conservadora. Aunque ya no existen garantías de nada, al menos puede tomar la ruta más segura posible si sabe que tiene aversión al riesgo.

Sin embargo, si su visión personal es tener más autonomía, libertad y flexibilidad, entonces es muy probable que esté hecho para ser un piloto de la posibilidad en el espacio aéreo empresarial del mundo. No se equivoque, y sepa que probablemente trabajará más duro y más horas como emprendedor que como empleado de otro.

Así que, de nuevo, revise sus motivaciones y asegúrese de que no está esperando jubilarse en una isla tropical en cuanto su negocio tenga beneficios. Los emprendedores están dispuestos a trabajar más duro que nunca al perseguir la realización de algo en lo profundo de su ser.

De hecho, algunos asuntos particulares hacen que el vuelo de los emprendedores sea más duro para las minorías, los empobrecidos y los que están en comunidades carentes de los servicios necesarios. Ninguno de nosotros puede escoger los gigantes contra los que tenemos que luchar, y los obstáculos ya estaban ahí antes de que nosotros llegáramos. La turbulencia que estamos sufriendo en nuestra altitud presente podría ser el resultado del pilotaje pasado de otra persona o del secuestro temporal. El sufrimiento de quienes quedaron aplastados bajo las repercusiones de los rescates financieros de Wall Street y los escombros resultantes de despidos y reducciones de plantillas nos dejaron a todos luchando por conseguir edificar sobre la igualdad de las generaciones de nuestros padres.

No ayuda que estas recientes travesuras políticas nos dejen siguiendo los pasos de la incertidumbre económica mientras gestionamos la traumática desesperación que se produce cuando tenemos un mañana incierto. Ni siquiera los que tienen un empleo remunerado se escapan del creciente estrés. Un enorme 76% de los estadounidenses viven de cheque a cheque, según un informe reciente de la CNN. Familias que tienen un acceso más fácil al dinero a menudo han usado y abusado de la deuda hasta el punto de que su proporción entre deudas e ingresos se ha desplomado tanto que ahora viven con una inquietud diaria preguntándose si serán los próximos en ser echados de la casa, a merced de quedarse sin techo y en la desesperación.

Este tipo de ansiedad insaciable puede consumir a cualquiera. Somos gente de diversas edades, etnias e intelectos. Somos ateos, agnósticos, creyentes o personas llenas de temor. Somos del ala derecha y del ala izquierda. La diversidad de personas que necesitan un ingreso adicional es asombrosa. Algunos no son ni de derecha ni de izquierda, pero se sienten como si hubieran perdido las dos alas. E incluso si habían volado antes, sus accidentes pasados les han dejado con la alas rotas y los sueños fracasados, preguntándose si habrán perdido su única oportunidad de alcanzar la altura del potencial que Dios les ha dado.

Tenemos la responsabilidad de ayudar a nuestros hermanos y hermanas a navegar por la turbulencia y encontrar formas de conseguirlo más allá de los métodos tradicionales. Yo no puedo, en buena conciencia, ignorar el gran clamor de más solvencia económica que proviene de las comunidades con necesidad de servicios en nuestro país. Aunque siempre habrá personas que sean explotadoras y oportunistas, la mayoría simplemente está luchando cada día por sueños demorados. Son personas de fe y claridad, esperanzas y sueños, deseos y decisiones, todos ellos preguntándose cómo o incluso si acaso pueden cosechar el potencial sin liberar que aún está por cumplirse dentro de ellos.

Algunos han recurrido a delitos menores; algunos son vulnerables a tácticas para hacerse ricos rápidamente y la variedad de timos que prometen una ganancia rápida. Algunos se han tragado su orgullo y han aceptado empleos mal pagados, mientras que otros se mudaron a vivir de nuevo con sus padres. Tenemos estudiantes universitarios haciendo hamburguesas con títulos inactivos y con préstamos de estudios mayores que los arcos dorados donde trabajan. Los estadounidenses llegamos a casa por la noche agotados por el ritmo que nos rodea, sobrecogidos de miedo. Sabemos que estamos anclados, desequilibrados y operando en la zona roja, intentando sobrevivir a una existencia desinflada en un mundo de ingresos inflados.

Después está el Sr. y la Sra. Media que en tiempos pasados eran económicamente productivos y capaces de ver un futuro más brillante. Ellos también tienen que repensarse a sí mismos. Han cambiado sus vacaciones de verano por meriendas en el jardín trasero, y han pasado del centro comercial a los mercadillos de segunda mano para sus compras discrecionales mientras se esfuerzan dentro de su apretado presupuesto. Salir a cenar ha dejado paso a las señales de los tiempos de "trabajamos por comida".

Innegablemente, muchos hemos creado nuestro propio caos. Estamos recogiendo la cosecha de no tener visión, de las malas decisiones, los malos matrimonios, las bancarrotas, las malas inversiones, vivir por encima de nuestras posibilidades, las reducciones de plantilla de las empresas, y otros males humanos. Los obstáculos que varían desde los problemas autoinducidos a los prejuicios sistémicos frecuentemente impiden el cumplimiento de nuestras metas. Y al margen del trasfondo o la etnia, veo que todos nosotros estamos más ocupados que nunca. El ritmo de vida es rápido y feroz. Algunos estamos tan ocupados intentando sobrevivir que no tenemos la oportunidad de repensar nuestras metas y recalibrar nuestras prácticas para ser más fructíferos y eficaces.

Pero los que se sientan pasivamente esperando los fondos del gobierno o que un inversor novel llame a la puerta, se decepcionarán. El éxito no se filtra, sino que brota del interior de un corazón que late al ritmo de la creatividad hasta que su efusiva reverberación produce un cambio en toda la comunidad. ¿Está usted dispuesto a luchar para arrancar su vuelo?

No hay un tiempo mejor que ahora mismo para reavivar las brasas de los sueños abandonados hace tiempo o para encender otros nuevos. Puede optar por distintas opciones de las que le han llevado a estar donde se encuentra ahora. Puede pasar a la acción y cultivar nuevos hábitos que transformarán sus sueños en una empresa distinta a todas las demás, una que refleje de manera única la variedad de facetas en su extraordinaria personalidad. ¡Una que se atreva con valentía a ir donde nadie ha ido hasta ahora!

Un nuevo modelo para el impulso

Tomar la responsabilidad de su propio éxito debe ser fundamental si quiere tener éxito como emprendedor. Me educaron para creer que la meta de los jóvenes adultos es abandonar el nido y probar sus alas; en otras palabras, educarse y graduarse con la esperanza de aterrizar en un puesto laboral de por vida. O al menos tener un oficio y trabajar durante los próximos cuarenta y cincuenta años con la idea de terminar con un reloj de oro y un pastel en su fiesta de jubilación. Sin embargo, con el 40% de nuestra fuerza laboral en desempleo o con empleos mal pagados, con una clase media cuya base reducida refleja al hombre con la mano seca, necesitamos hacer uso de la creatividad que reside en todos nosotros para levantarnos lo mejor que podamos con lo que se nos ha dado para trabajar.

No podemos abandonarnos a merced de alguien que nos contrate o no nos contrate. Esto significa que las alas que usó para llegar a su actual posición elevada puede que no tengan la suficiente fuerza, resistencia y envergadura para llevarle a donde tiene que ir.

Intentar volar alto como el águila es agotador cuando lo único que le queda son ¡unas cuantas plumas! ¿Cree que sería posible llegar hasta donde tiene que ir con las alas que tiene ahora? Los tiempos cambiantes a veces demandan un cambio de paradigma en su visión y un ajuste importante en el plan de vuelo de su vida.

Quizá sea el momento de trazar un nuevo rumbo e integrar un nuevo modelo, descubrir combustible nuevo para sus motores creativos y probar nuevos materiales, más ligeros y fuertes, que le hagan despegar del suelo. Lo que sus padres modelaron para usted fue una sabiduría precisa para la época en la que vivieron, pero nuestros tiempos exigen métodos no probados hasta ahora, mentores inesperados y modelos poco convencionales. No podemos cumplir nuestro destino limitándonos a imitar a nuestros padres o repitiendo el modelo de nuestro mentor. Este estilo de vida de periquito en el que usted solo repite lo que ha oído le deja atrapado en una jaula de paradigmas antiguos, incapaz de lanzarse a la libertad de explorar cielos interminables por encima de su cabeza.

Si cree en un poder más allá de usted, entonces puede entender el poder de la fe para propulsar los motores del avión de su visión y las nuevas aventuras subiendo las revoluciones en su interior. Fuimos creados a la imagen de un Dios creativo para que pudiéramos echar mano de esa creatividad con la innovación necesaria para volver a imaginar, para reinventar nuestras circunstancias y reinvertir nuestros dones. Conseguir despegar su visión del suelo y después volar alto le permite pasar la brecha de nuestros tiempos, cerrar la grieta entre los que supuestamente tienen y los necesitados, y ofrecer a sus hijos un plano de una búsqueda apasionada. Su patrón de vuelo no solo asegurará su ascenso, sino que también levantará a su familia y elevará a su comunidad, lo cual debería ser la meta inherente compartida por todos.

Elevación divina

Al evaluar su actual localización y motivación para ser un emprendedor, no se desanime por el tamaño o el número de obstáculos que encuentre en su camino. Si puede obtener una visión para ello, ¡entonces Dios puede hacerlo! No hay ninguna duda en mi mente de que Dios proporciona el viento final debajo de nuestras alas, la elevación divina de una coincidencia curiosa o una conversación llamativa. Le he visto abrir puertas más allá de mis sueños más atrevidos. Sé lo que es sentarse en un sillón en la vida que solo un Dios que me ama sin medida podría darme. Le he visto elevar a indigentes hasta hacerlos filántropos y a cajeros hasta directores generales, a activistas hasta actores, y a soñadores hasta diseñadores.

Dios es el máximo estratega y abre puertas que ningún humano podría haber abierto. Pero también debemos recordar la increíble responsabilidad y oportunidad que Él reservó para que nosotros las creemos. Considere que Dios nunca creó una mesa. Nunca creó una tumbona o una silla. Él nunca nos dio lápices para escribir o papel sobre el que hacerlo. El Dios Todopoderoso nunca creó una caja para almacenar, ¡ni un contenedor para fletar!

¿Acaso no sabía Él que necesitaríamos esas cosas? ¡Por supuesto que el Dios omnisciente del universo sabía lo que necesitaríamos! Sin embargo, nunca se inclinó para hacer ninguno de estos artículos que necesitaríamos cada día para sobrevivir. En su lugar, nos dio árboles, bonitos, fuertes, majestuosos, que señalan siempre hacia arriba, hacia el cielo. Nos dio árboles porque sabía que los árboles, si se usan adecuadamente, nos darían la materia prima necesaria para imaginar y crear objetos concretos que necesitaríamos, con la forma que quisiéramos, para llenar el salón en el que vivimos, ¡del color que más nos guste!

¿Está usando todos los recursos que Dios ha puesto en su vida y que le ha dejado justo a usted? Sospecho que la mayoría de nosotros no. Darle más altura a su visión tiene que ver con evaluar el tiempo, los talentos y tesoros que se nos han dado en esta vida y asumir la responsabilidad de las decisiones, las relaciones y las oportunidades que se nos han dado. Quiero retarle a ver mesas en los árboles, cajas en los arbustos, ¡y provisión en los problemas! ~Dic FB

A menudo, cuando estamos agotados por las posiciones sin futuro, las relaciones sin sentido y los entornos indiferentes, nos vemos forzados a cambiar nuestra vida para mejor. Así que no se canse ni desmaye. Si permite que los tiempos le derroten, que las circunstancias le desvíen o que los obstáculos le hagan descarrilar, puede deberse a que su fe en usted mismo e incluso su fe en Dios ha desfallecido. Si por lo más remoto usted o alguien a quien ama se identifica con eso, ¡dese cuenta de que quizá se encuentre en el precipicio de un poderoso despertar! Podría ser que en este momento de su vida, después de todo lo que ha experimentado, haya reunido la experiencia necesaria de los errores del pasado para trazar un nuevo curso, ¡y volar hacia alturas más elevadas!

Muchas personas han tenido éxito a la hora de hacer esta transformación, y espero que si usted tiene una inclinación emprendedora no permita que los malos modelos que ha visto en el pasado destruyan los actuales momentos de oportunidades. Solo porque tenga el talento para llegar a algún sitio ¡no significa que tenga la sabiduría para correr! Necesita tanto el talento como la sabiduría, la fuerza y las direcciones para llegar a su destino, y por eso debe hacer una evaluación honesta de lo que impulsa su deseo de ser un emprendedor. Usted escogió este libro por un motivo, amigo, y sospecho que el momento podría ser divino.

Si está cansado de moverse por el mismo sitio y está listo para ampliar su visión y volar hasta el siguiente nivel, entonces es el momento de convertir su visión en realidad.

CAPÍTULO 2

Vientos y tendencias

Conozca sus condiciones

Ningún ave vuela alto cuando hay calma.

—Wilbur Wright

Era el día perfecto para hacer historia. El cielo incubaba grandes nubes pesadas, iluminado por la blanquecina luz de la mañana. La fresca temperatura, que se esperaba a mitad de diciembre, estaba alrededor de los cuarenta grados (4° C), aunque los vientos del norte de más de 20 mph (30 kph) lo hacían sentir más frío. Impulsados por estas ráfagas constantes, los granos de arena bailaban y se dispersaban entre las muchas dunas que llenaban la prolongada playa.

Aunque estas condiciones puede que no inviten mucho a dar una vuelta por la orilla, eran perfectas para dos hermanos ese día, 17 de diciembre de 1903, en Kitty Hawk, Carolina del Norte. Porque, verá, esas condiciones elevaron su cuadrada máquina voladora del suelo hasta que su motor pudo mantener el vuelo durante doce segundos completos que pasaron hasta que aterrizó, el primero de cuatro vuelos con éxito para ellos en ese día ventoso.

Orville y Wilbur Wright sabían que habían mejorado sus

probabilidades de éxito considerablemente al escoger ese lugar. No eran de Carolina del Norte, y de hecho habían vivido en Dayton, Ohio, durante la mayor parte su vida. Pero al comenzar a juguetear y probar sus enormes cometas y planeadores, la mayoría construidos con piezas rescatadas y de lo que tenían a la mano en su tienda de bicicletas, los hermanos Wright rápidamente se dieron cuenta de que en su ciudad natal no existían las condiciones necesarias para que les elevara el viento. Sabían que necesitaban un sitio donde hubiera viento constante y zonas blandas donde aterrizar, así como la privacidad que querían para trabajar y probar su invento sin interrupciones.

Así que escribieron al Servicio Nacional del Tiempo y pidieron información sobre las velocidades del viento y las condiciones meteorológicas en varios sitios de la costa este. Tras estudiar la información y las medias de los posibles lugares, los Wright escogieron un pequeño grupo de islas casi desiertas, conocidas como Outer Banks, en la costa de Carolina del Norte. Casi sin defensa para la climatología procedente del Atlántico, estas islas soportaban vientos casi constantes, a menudo casi huracanados. Mayormente compuestas por dunas de arena y pasto de arena, las islas también aportaban delicadas franjas de aterrizaje para los probables descensos abruptos que los hermanos podrían experimentar mientras perfeccionaban su aeronave. Y como el clima era tan duro casi todo el tiempo, las islas tenían muy pocos habitantes, proporcionando así la deseada privacidad para llevar a cabo su trabajo.

Si es usted como yo, probablemente no habría pensado mucho en por qué los hermanos Wright escogieron Kitty Hawk como el lugar de su hazaña que pasaría a la historia. Como muchos momentos monumentales de los lugares álgidos de la historia, su triunfo es uno del que todos aprendemos en la escuela. Pero en raras ocasiones consideramos los años de trabajo meticuloso, descorazonadoras decepciones y furiosa determinación que hubo tras ese primer vuelo. E incluso si conociésemos algunas de las pruebas que soportaron los hermanos antes de su triunfo en el cielo, quizá no nos daríamos cuenta de cuán importantes fueron los patrones de lugar y de climatología para su éxito final.

Los hermanos Wright sabían que, si querían volar, debían estudiar los vientos y las tendencias.

Compruebe el clima

Como ya he dicho, muchas personas tienen la visión de convertirse en emprendedores pero no pueden comprometerse con las demandas de levantar una empresa desde cero. La realidad es que no se pueden comprometer con el sueño y conseguirlo. Tiene que comprometerse con el *proceso* de poner su sueño en *práctica*. A los hermanos Wright obviamente les encantaba la idea de surcar los cielos con una vista de pájaro del mundo, pero tuvieron que comprometerse con un largo y arduo proceso para lograrlo.

Al igual que los Wright y muchos otros pioneros emprendedores de nuestro pasado, cuando uno se compromete con el proceso, está prometiendo perseverar fielmente al verse confrontado con los problemas que inevitablemente impiden el lanzamiento de cualquier nueva aventura. Comprometerse con el proceso requiere comprender que la mayor educación proviene de las experiencias más ricas. De hecho, el éxito sin el proceso le dejará sin cualificación para reinar sobre lo que ha construido. Es el proceso lo que forma su resistencia, su perspicacia, y lo más importante, sus relaciones, las cuales son la savia de cualquier empresa.

Una vez comprometido con el proceso, podrá comenzar a definir su nueva aventura y crear algo que le haga despegar del suelo. Pero este proceso comienza estudiando la economía y los patrones de clima social que le rodean, porque para que su empresa vuele debe decidir la mejor dirección e identificar las condiciones óptimas para lanzar su sueño.

Debe reconocer, así como los hermanos Wright entendieron rápidamente, que la dirección del viento y sus patrones de climatología no solo determinan si se despega o no del suelo, sino que una vez que esté volando, estas mismas métricas meteorológicas afectan mucho de cuánto tiempo permanecerá ahí. Como los primeros pioneros de la aviación, usted debe aprender a leer los vientos y las tendencias y ajustar sus planes de vuelo en consonancia.

Al construir su nueva aventura y conseguir que despegue del suelo, inevitablemente experimentará muchos de los mismos obstáculos metafóricos que sufrieron los hermanos Wright y finalmente superaron. Pero también puede aprender de muchas de sus decisiones estratégicas. Verá, muchas nuevas empresas fracasan no porque no se diseñaran bien o porque no tuvieran un buen plan empresarial, sino porque sus propietarios pasaron por alto el entorno exterior en el que volarían sus productos y servicios. Los emprendedores exitosos comprueban el clima económico, social y cultural antes de diseñar sus empresas, y por supuesto antes de intentar hacerlas volar.

En este capítulo, quiero hablarle de algunos de los vientos y tendencias que debe considerar incluso antes de diseñar su empresa e intentar que despegue del suelo. Conocer bien el entorno en el que operará su negocio le proporciona todo tipo de información para ayudarle a tomar decisiones con respecto a su diseño, su envío y su destino.

Solo puede ignorar estos factores asumiendo su propio riesgo. Aunque pueda volar contra el viento, no puede sostener su vuelo así de forma indefinida. Hoy día, después de más de cien años desde ese primer vuelo, los pilotos siguen aprendiendo a trabajar con las corrientes de viento y los patrones climatológicos para volar con éxito.

Usted debe hacer lo mismo.

De qué lado sopla el viento

Lo que sucedió tras una brisa en diciembre de 1903 a pocos kilómetros de Kitty Hawk, Carolina del Norte, no fue un accidente. Dos hombres se dedicaron ellos mismos y sus recursos a hacer el trabajo preparatorio necesario para conseguir que su máquina voladora despegara del suelo. Sabían dónde tenían que ir para hacer lo que había que hacer si querían conseguir volar. También usted debe investigar las condiciones que le rodean para decidir la mejor dirección para su ascenso soñado.

¿Cómo puede hacer que los vientos y las tendencias de su actual entorno funcionen para darle la elevación que necesita? ¿Y dónde puede aterrizar suavemente mientras juguetea con operaciones para sacar los bichos? Tener un plan de contingencia para cambiar variables es siempre una buena idea. Exploraremos tales contingencias con más detalle en el capítulo 5, pero no es demasiado pronto para anticipar lo que podría salir mal mientras acelera para su despegue. Ya sea que termine teniendo éxito con su plan A o con el plan Z, todos sus planes requieren que preste mucha atención a los detalles concretos dentro de su entorno así como identificar los patrones en curso.

A veces esto significa trabajar desde *dentro hacia fuera*, conociendo su meta final y trabajando hacia atrás a partir de ella. Los hermanos Wright sabían que querían inventar una máquina de volar sostenible y controlable, y mientras trabajaban en su proceso identificaron los elementos atmosféricos necesarios para la mejor oportunidad de tener éxito. Después investigaron sus opciones y escogieron Kitty Hawk. Muchas veces usted sabe lo que quiere ofrecer, vender o proveer pero no ha considerado lo que necesita su empresa para desarrollarse.

Cuando recientemente decidí probar las aguas de la televisión diurna con mi propio programa, lo abordé desde dentro hacia fuera. Aunque tenía experiencia con la televisión, producción, y generar contenido inspirador, también sabía que aún había muchas cosas que no sabía. Mi socio de producción, Tegna Media, brillaba como proveedora de programación vendida a través de una agencia, pero no había creado contenido original, y mi programa sería una nueva aventura también para ellos.

Ambos teníamos experiencia en el espacio aéreo en el que queríamos volar, pero ninguno de nosotros había construido y pilotado el tipo de avión necesario para volar hasta allí. Para medir el clima en la atmósfera de los programas de debate diurnos, no pude pensar en una analista mejor que Oprah, la cual accedió gustosamente a compartir su sabiduría conmigo. Como amiga mía que es, me animó, pero como una profesional que es también me advirtió sobre las condiciones tormentosas en la altitud a la que aspiraba llegar mi programa.

"Los vientos han cambiado", me explicaba, "desde que comencé mi programa hace mucho tiempo". Siguió explicándome que cuando ella lanzó su programa diurno, solo había tres grandes redes que controlaban la mayoría de la programación. Los canales por cable y la programación independiente estaban apenas empezando a obtener el impulso que daría entrada a un gran cambio en las opciones y oportunidades de ver programación. La internet y la visión en línea no habían explotado en nuestra conciencia cultural con la miríada de selecciones que tenemos hoy. Como resultado del cambio tecnológico, la mayoría de los últimos cálculos revelan que los canales de televisión tradicionales han perdido entre el treinta y el cuarenta por

ciento de su audiencia ante los servicios sin interrupción de proveedores de multimedia independientes como Netflix, Hulu y Amazon.
El estilo de debate de Oprah fue también algo fresco y pionero
para su tiempo. La competencia que ella vivió estaba más enfocada
en los extremos de las antiguas entrevistas a famosos o los nuevos
programas sensacionalistas de estilo chabacano que mostraban
estallidos melodramáticos a la pequeña pantalla. Aunque al principio ella coqueteó con ambos extremos de ese espectro, rápidamente
se dio cuenta de que quería proveer sustancia, inspiración y ánimo
a sus televidentes de formas que no las estaban recibiendo en ningún lugar. Aunque yo aspiraba a metas similares con mi programa,
sabía que el potencial de audiencia ya era consciente de este estilo
de programas de debate.

Con este conocimiento del cambio de clima, sabía antes incluso
de empezar que volaría con el viento en contra. No era que no
pudiera tener éxito o que no fuera a llegar a mi destino; era sencillamente que iba a requerir más esfuerzo y que íbamos a tardar más
en llegar allí. Por esta razón, algunos patrocinadores y clientes de
la redifusión escogieron no comprar ni retransmitir mi programa.
No era que yo no les cayera bien, o que no les gustara el tipo de programa que ofrecía. Tampoco era que no quisieran que yo tuviera
éxito. Era simplemente su conciencia de cómo este programa volaría con el viento en contra.

Es el mismo fenómeno que usted experimenta cuando vuela
contra el viento o con la corriente en chorro. Cuando vuelo de mi
casa en Dallas a Los Ángeles, por lo general tardo unas tres horas.
Volando hacia el oeste, mi avión tiene que luchar contra un fuerte
viento en contra que proporciona una gran resistencia, obligando a
los motores del avión a trabajar con más esfuerzo y a ir más lento
para cubrir la misma distancia. En el viaje de vuelta, no obstante,
solo se tardan dos horas o menos debido al fuerte viento de cola.

Los vientos habían cambiado y eran más erráticos que nunca para el tipo de programa que yo quería hacer. Como esta era una nueva aventura para Tegna y para mí, y como sabíamos que íbamos contra el viento, nos aseguramos de contratar solo a los mejores productores, diseñadores de plató, operadores técnicos, estilistas y equipo de apoyo. Buscamos a propósito expertos con experiencia en debates diurnos, personas que pudieran ayudarnos a navegar por las turbulencias que estábamos anticipando. Estos otros miembros de equipo fueron mi Kitty Hawk, ayudándome a tener lo que necesitaba para despegar mi programa del suelo y proveer pistas suaves para aterrizar cuando cometiera un error.

Tras completar una temporada, decidí que el espacio aéreo estaba demasiado concurrido y que las turbulencias eran demasiado grandes como para continuar. No era que no quisiera seguir trabajando más fuerte que nunca o que no me gustara la comunicación entre Dallas y Los Ángeles, y tampoco era que no creyera que podríamos conseguir audiencia y mejorar el programa. Era simplemente una cuestión de lo que Oprah me había dicho: los vientos habían cambiado.

Y como tengo muchas otras aventuras que consumen mis energías y atención, no tuve la paciencia y la fuerza para dedicarme singularmente a navegar por ese espacio aéreo. Así que decidí tomar lo que había aprendido, ¡y aterrizar el avión mientras aún tenía la opción de decidir hacerlo!

Su parte del pastel

La otra forma de explorar su entorno para encontrar indicaciones sobre cómo diseñar su plan de negocio es mirar lo que hay que arreglar, cambiar o resolver. Este método mira desde *afuera hacia adentro* y aísla un problema o condición que actualmente afecta el clima social y cultural que nos rodea. Quizá observe la necesidad de un nuevo producto o invento para ayudar a la gente a manejar los cambios de estilo de vida que conlleva la tecnología, la economía o los patrones de inmigración. Quizá vea una oportunidad que apela a cierta demografía o intereses regionales.

De forma similar, quizá vea la chispa de una nueva tendencia y la avive para convertirla en un nuevo fuego incontrolado. Esto significa ver algo bueno y saber que se puede mejorar, quizá mediante la exposición y promoción a una audiencia más amplia. Es la razón por la que vemos tantos productos y empresas calcadas que siguen la estela de un gran éxito. Si cierto género de programa de televisión o películas explota, entonces puede estar seguro de que habrá otras similares poco después.

A veces, el tiempo cambia para su provecho sin intento alguno de influencia por su parte. Quizá ni siquiera sepa qué causó que cambiara el viento hasta después de haber golpeado la tormenta. Por ejemplo, este tipo de fenómeno ocurrió recientemente con la mega talentosa Patti LaBelle. Conocida como la Madrina del Soul, ha disfrutado de una carrera de décadas ya como cantante, artista y actriz. No contenta con descansar en sus laureles líricos, Patti acudió a sus talentos culinarios y cerró un trato con Walmart para vender sus deliciosos pasteles de batata. Como la talentosa emprendedora que es, Patti usó su identidad de marca para expandirse y pasar de hacer música a hacer postres.

Aunque los pasteles se vendieron bien, no explotaron hasta que un súper seguidor llamado James Wright puso un video de tres minutos en YouTube en el que probaba humorísticamente el pastel y cantaba sus elogios como Patti: literalmente. Casi de la noche a la mañana, su video recibió más de cinco millones de visitas y envió las ventas de los pasteles de Patti a la estratosfera. De repente, Walmart no podía seguir teniéndolos en reservas, ¡y personas empezaron a venderlos a diez veces más de su precio por eBay! Patti dijo que sabía que algo pasaba cuando observó que estaba vendiendo más pasteles que discos.

El mejor genio del mercadeo probablemente no podría haber encontrado un tono promocional más divertido y auténtico que el de James Wright. Pero, sin embargo, su prueba de degustación en línea cambió los patrones de clima para los pasteles de Patti. Ella no solo aumentó su producción para suplir las demandas de los clientes, sino que también lanzó una línea completa de dulces llamada Patti's Good Life, incluyendo otros pasteles, tartas de fruta y dulces. La sensación viral de Wright cambió el clima, y ella cambió para encarar sus nuevas oportunidades.

Una talla única nunca le queda bien a todos

Muchos aspirantes a emprendedores me dicen que no son lo suficientemente "creativos" para dar con una nueva idea original, invento o innovación. Y yo siempre digo: "No se preocupe, tan solo busque algo que la gente quiera o necesite en su zona, ¡y hágalo mejor que los demás! La Escritura nos dice que "no hay nada nuevo bajo el sol" (Eclesiastés 1:9), y sospecho que esto es cierto tanto para pequeñas empresas como para cualquier otra cosa. Las cosas básicas que todos los seres humanos necesitan (comida y bebida, cobijo, abrigo), siguen sosteniendo a millones de empresas en forma de restaurantes, hoteles y tiendas, solo por mencionar algunos.

Solo piense en cuántas cafeterías hay cerca de su casa u oficina. Probablemente tenga más de un Starbucks en un radio de cinco kilómetros, además de al menos otra franquicia nacional como Caribou Coffee, Gloria Jean's, Death Wish, Costa, Biggby e It's a Grind. Después habrá probablemente al menos una o dos tiendas independientes, esas en las que usted puede charlar con el dueño, donde el ritmo es un poco más lento, las magdalenas un poco más frescas, el servicio es un poco mejor y el ambiente un poco más acogedor.

Soy capaz de describir estos pequeños extras no porque haya estado espiando su vecindario, sino porque sé que para competir con las grandes cadenas, cualquier empresa propia local, particularmente en servicios de comida y bebida, debe ofrecer algo extra, cuidado extra, atención extra, servicio extra, calidad extra, para competir con las otras empresas.

Así que piense en algo que usted quiera o necesite regularmente. Quizá conlleve solucionar un problema que usted mismo enfrenta de forma regular. Por ejemplo, ¿le falta el tiempo para hacer la colada y planchar y desearía que hubiera un servicio que se ocupara muy bien de que su armario profesional pareciera como nuevo? ¿Un servicio que se lo llevara a casa e hiciera el proceso lo más simple y fiable posible? ¿Un servicio que reconociera y respetara las diferencias en el cuidado del lino o de la licra?

Claro, seguro que hay ya tres servicios de lavandería más en su ciudad, pero trabajan más para empresas que para individuos. El asunto, como veremos en un momento, se convierte entonces en el número de otros clientes que hay como usted dentro de su zona, así como la ubicación de su nueva aventura y el perfil económico en general de su ciudad. Pero el proceso a menudo comienza identificando una empresa que usted mismo frecuentaría.

Aunque no lo parezca, una de las pequeñas empresas que comenzó recientemente a resurgir es la librería local independiente. Desde jóvenes de la generación milenial hasta los antiguos *boomers*, los clientes se están dando cuenta de cuánto les gusta tener un lugar de reunión familiar en su comunidad donde se vendan libros, se fomenten las relaciones mediante los clubes de lectura y grupos de estudio, y proporcione una atmósfera de relax en la que la gente pueda disfrutar de un café o una copa de vino. Los dueños de librerías entendidos y avispados se están dando cuenta de que sus clientes en potencia quizá no sean profesionales que buscan el último libro empresarial sino sencillamente padres jóvenes que buscan una alternativa a la biblioteca.

El tiempo lo es todo

Usted puede tomar cualquier producto, servicio o solución al consumidor y mejorarlo. Y los mejores refinamientos, personalizarlos para su localidad y base de clientes y el contexto general. Abrir una tienda de ropa de lujo para mujeres profesionales jóvenes en una zona urbana donde las fábricas han cerrado y los residentes son principalmente jubilados que no se pueden permitir moverse, obviamente no tiene mucho sentido empresarial. Por otro lado, si ha observado fábricas abandonadas que están siendo convertidas en áticos justo al lado de nuevos clubes y restaurantes, entonces su tienda podría estar en el umbral de una nueva ola de aburguesamiento urbano.

Pero debe hacer sus deberes e interpretar la información con sentido común, claridad de objetivos e instinto personal. Cuando estaba listo para comprar mi casa, quise revisar su valor sobre la base de otras del vecindario, y también quise decidir la dirección en la que estaba creciendo la ciudad. ¿Mi inversión en esta casa conservaría su valor, o mejor aún, se revalorizaría? ¿O el crecimiento iba en una dirección que probablemente haría que esta propiedad se devaluara?

Muchas ciudades parecen ir y venir, oscilando entre un centro que prospera con pocos residentes suburbanos y una ciudad que se ha extendido hacia los suburbios, dejando el centro como un cascarón vacío. Dallas se construyó en la década de 1970, durante el boom del petróleo y el gas, alrededor de una dicotomía entre el trabajo y la casa. En ese entonces, los que ganaban el pan trabajaban en el centro pero no querían vivir allí, sino que se llevaron a sus familias a los suburbios para vivir en una casa más bonita con un garaje para dos autos y un columpio en el patio trasero. La moda ahora se ha invertido al menos un par de veces, y ahora los condominios y casas en la ciudad han reemplazado a las casas de ranchos separadas en niveles de una época ya obsoleta.

El momento es crucial cuando está intentando atrapar los vientos con la fuerza suficiente para elevar su avión del suelo. Por muy buenos que sean sus productos o servicios, si no hay viento tras ellos, no tendrá éxito. Lo que funciona en un tiempo no funciona en otro. Recuerdo que cuando hace años mi libro *Mujer, ¡eres libre!* estaba teniendo mucho éxito, tuvimos la oportunidad de asociarnos con Thomas Nelson para producir una edición especial de la Biblia titulada *Santa Biblia, ¡Mujer eres libre!* Además de mis notas, comentarios y preguntas, esta Biblia estaba hecha con la forma de un monedero de mujer en un intento de hacerla única, con estilo, de bolsillo y fácil de llevar. La respuesta fue tremenda, y muchas personas me dijeron que fueron bendecidas por ello.

Sin embargo, soy muy consciente de que el libro quizá no tendría éxito hoy día si lo lanzara en este clima cultural y económico. Los libros electrónicos han reemplazado a los libros de papel, y ahora la aplicación de la Biblia YouVersion, una versión gratuita de la Biblia NVI, recibe más descargas que lo que vende cualquier otra versión. También, con la popularidad de los bolsos de diseño de Coach, Louis Vuitton y otros, no estoy seguro de que nuestro diseño en particular fuera tan atractivo para las mujeres ahora como lo fue entonces.

Con frecuencia vemos la forma en que el factor tiempo afecta tanto la popularidad como el precio de venta al público de los productos, particularmente con la tecnología. Recuerdo leer que cuando Apple estaba lanzando por primera vez sus particulares computadoras, las ventas eran flojas, principalmente porque la tecnología aún era algo nuevo y el precio de venta al público era muy elevado. A medida que más personas comenzaron a usar computadoras, surgieron nuevas empresas para suplir la demanda, lo cual aumentó la competencia y redujo los precios. Con el tiempo, las condiciones cambiaron y las computadoras Apple se hicieron más asequibles y se establecieron como una marca única.

Como tan brillantemente lo explica Malcolm Gladwell en *El punto clave*, hay un punto crítico donde una empresa pasa de buscar nuevos clientes a que nuevos clientes la busquen. Usted tiene que hacer todo lo posible para diseñar su negocio para que sobreviva hasta que llegue a ese punto y después superarse una vez que esté al otro lado. Aún una razón más para prestar mucha atención al clima empresarial y económico de su entorno. Aunque quizá usted no sea capaz de controlar el reloj con respecto a todos los aspectos de su producto, ¡debe saber qué hora es!

Estudiar su situación

Ya sea que esté respondiendo a vientos y tendencias desde dentro hacia fuera o desde fuera hacia dentro, ambas situaciones exigen que usted sea un solucionador de problemas. Al margen de cuánta pasión, duro trabajo y dedicación ponga en su aventura, si eso no resuelve un problema identificable para clientes dispuestos a pagar por su solución, nunca despegará del suelo. O si lo hace, entonces probablemente surcará en arco los cielos como hacen los fuegos artificiales en lugar de hacerlo como un F-16. Así que le aconsejo que comience reclutando un problema por el que un número significativo de personas estén dispuestas a pagarle para que usted se lo resuelva.

Incluso antes de comenzar a hacer inventario de sus recursos y construir su empresa, lo más importante que debe tener como emprendedor es un problema que solucionar. Hasta que su empresa no sea una respuesta, no tendrá éxito. Construir una empresa porque quiere ganar dinero, por lo general conducirá al fracaso. Construir una empresa por el empuje del amor propio de poder decir "¡Tengo mi propia empresa!" puede ser una gran conversación para los eventos sociales, pero si quiere construir una empresa justa, lo que más necesita para empezar con buen pie no es un capital, sino un buen problema. Una vez que encuentre su problema, encontrará un inversor motivado a ayudarle a arreglarlo.

Los mejores tipos de problemas empresariales a menudo giran en torno a algo que falta en una región concreta que podría sostener una empresa. Ya sea la falta de una lavandería en la zona donde se han mudado muchos profesionales o la necesidad de un salón de belleza dentro de una comunidad diversa y predominantemente femenina, la necesidad se puede aislar y cuantificar.

Por otro lado, puede que usted tenga un producto o servicio extraordinario que crea que trasciende los límites geográficos o demográficos. Sabe que quiere lanzar este trabajo en línea para maximizar su exposición y construir la mayor base de clientes posible. Sin embargo, aún debe terminar su exigida diligencia e idear la mejor estrategia para alcanzar a los clientes que necesiten lo que usted tiene. Aunque es cierto que la Internet ha abierto vastos territorios de conectividad que proporcionan oportunidades increíbles para el comercio, sigue necesitando hacer un plan.

Ya sea que comience con un problema que conlleve alguna carencia existente o algo que usted ofrezca, su proceso debe incluir la investigación de mercado para identificar el área donde prevé trabajar, el tamaño y la demografía de su base de clientes, y su competencia. Cada una de estas piezas del rompecabezas es vital y se convertirá en su plan de vuelo y el plano para su empresa. Veamos cada una de ellas brevemente.

Su área de servicio

¿Cuáles son los parámetros físicos del área donde quiere lanzar sus productos? Le animo a conseguir un mapa y bosquejar su territorio en un color destacado que se vea fácilmente. Si está ofreciendo un producto o servicio en línea y verdaderamente espera ser atractivo para una base de consumidores global, aun así yo intentaría identificar los países, regiones y ciudades donde sus probabilidades de éxito sean mayores.

También debe tener en mente que todas las distancias no son iguales en el mundo empresarial. Enfocarse en un radio de servicio de cinco manzanas podría hacer prosperar su pizzería en Nueva York o Chicago, pero es más probable que tenga que considerar una zona de cinco o diez kilómetros en ciudades más pequeñas y zonas suburbanas. Dependiendo del producto específico que ofrezca, debe recordar que la distancia es relativa y debe medirse con los ojos de sus clientes, lo cual nos lleva a...

Su base de clientes: tamaño y demografía

No importa cuán grande y amplia quiera que sea su base de clientes, la realidad es que la mayoría de los esfuerzos empresariales tienden a atraer a un grupo base. "Pero, obispo Jakes", dirá usted, "yo quiero vender mis deliciosos pasteles en línea. A todo el mundo le gustan los pasteles, ¿no es así? ¡Así que necesito alcanzar al mayor número de personas posible!".

Aunque aprecio el optimismo de tal lógica, ese pensamiento

contiene una suposición clave y equivocada. Solo porque a la mayoría de las personas (no a todos: ni los dietistas, ni los alérgicos al gluten ni la gente que simplemente prefiere lo salado antes que lo dulce) les pueda gustar sus deliciosos pasteles no significa que todos le encuentren en línea. Y de los que le encuentren, no todos tendrán los medios o les gustará pedir pasteles en línea que nunca han probado.

Para encontrar los posibles clientes a quienes les gusten sus pasteles y que estén buscando pedir en línea, debe hacer una mayor investigación e intentar aprender todo lo posible sobre la industria de repostería en línea que existe actualmente. ¿Realmente los pasteles son viables cuando parece que todos los demás están teniendo éxito con los cupcakes? ¿Está preparado para recibir pedidos grandes de empresas? ¿Qué pasaría si American Express quiere pedir mil pasteles de los suyos para enviárselos a sus mejores clientes? ¿Ofrecerá usted más de un tipo de pasteles? ¿Permitirá que los clientes hagan pedidos especiales?

Las preguntas podrían seguir, y en cuanto responda a una pregunta, habrá otras dos que ocupen su lugar. A veces puede reducir su ámbito y enfocarse en una base de clientes más selecta aprendiendo todo lo posible sobre el grupo base de consumidores que quiere alcanzar. Pueden ser el grupo de personas con más probabilidades de comprar su producto o aquellos que usted cree que se beneficiarían más de su producto.

Digamos, por ejemplo, que quiere comenzar desde poco con su empresa de pasteles en línea y buscar familias que demanden dulces "como los que solía hacer mamá" para ocasiones especiales como cumpleaños, aniversarios, reuniones familiares, Acción de Gracias, Navidad y otras fiestas. Por el momento ha eliminado clientes de empresas con grandes pedidos, y en su lugar quiere conectar con personas demasiado ocupadas como para cocinar que sigan queriendo algún dulce delicioso y horneado en casa.

Tales personas también querrán que los pasteles sean asequibles, porque si su precio es mucho más alto del que les cueste a ellos hornearlos preferirán hacerlo ellos mismos o pedírselo a otro, y usted los perderá. Hablaremos de los costes de producción y las estrategias de tarifación en el capítulo 5, pero debe tener en mente lo que sus clientes estarán dispuestos a pagar. Tiene que saber cómo perciben ellos el valor de lo que usted está ofreciendo.

Ahora que ha reducido su base de clientela, haría usted bien en averiguar lo máximo posible sobre el cliente: edad media, estado civil y tamaño medio del hogar, si alquilan o son propietarios, su etnia, salario medio, nivel de educación y número de horas que normalmente pasan trabajando cada semana.

Aunque estos grandes indicadores puedan parecerle obvios, le animo a considerar también intentar determinar dónde suelen comprar más sus posibles clientes, si en línea o en tiendas físicas. ¿Cuánto gastan normalmente en comida a la semana? ¿Con qué frecuencia comen postres o compran dulces? ¿Cambian sus hábitos en ocasiones especiales? ¿Cuáles son las otras marcas que ellos suelen consumir? Lo cual nos lleva a…

Su competencia

Uno de los bienes más valiosos que usted tiene para determinar de qué lado sopla el viento viene al estudiar a su competencia. Aprenda todo lo que pueda sobre ellos. Y no pase por alto experimentar su competencia como lo haría un cliente, tomando nota de todos los detalles desde el primer contacto hasta que termine su transacción. ¿Cómo puede mejorar la forma en que usted interactúa con sus clientes? ¿Cómo puede entrenar a futuros empleados en consonancia?

Las empresas que han fallado al intentar proveer su producto o servicio a menudo suelen ser tan valiosas como las historias de éxito a la hora de ayudarle a usted a saber qué es lo que funciona y lo que no. Si puede identificar y hablar con algunos de esos otros emprendedores, mucho mejor. No suponga que ellos automáticamente rehusarán hablar del negocio con usted. Quizá se sorprenda de lo mucho que están dispuestos a compartir. Pídales claramente que le digan lo que les hubiera gustado saber antes de emprender su aventura. Puede que existan muchas formas en las que se puedan ayudar el uno al otro, aumentando la rentabilidad de ambas empresas.

Diseño divino

Cuando fui pastor por primera vez en West Virginia, no necesitaba una máquina voladora para ministrar a mi congregación. Predicaba la Palabra de Dios, ayudaba a los necesitados, enterraba a los muertos y casaba a las parejas. Todo era trabajo espiritual y encajaba dentro de mi lugar gravitacional del púlpito. A medida que fue creciendo nuestra iglesia y aumentaron con ellos las oportunidades, me di cuenta de que no podía seguir haciendo las cosas del mismo modo que las había estado haciendo. Cuando hablo con pastores jóvenes hoy, la mayoría me dicen que suponían que estaban comenzando una iglesia que tenía que funcionar como una empresa exitosa. Pero cuando yo empecé, tuve que volar por intuición hasta que pude construir un avión lo suficientemente grande para llevar a cabo mis sueños.

Con tantas formas posibles de afectar a nuestra nación y al mundo, ministrar mediante la radio y la televisión y la tecnología en línea, me sentía como se debieron sentir los hermanos Wright. Tenía que construir algo que me llevara del punto A al punto B. Tuve que añadir personal, ampliar las instalaciones, contratar expertos en tecnología, además de desarrollar los distintos sistemas de apoyo necesarios para sostenerlos a todos.

Ahora, con más de trescientos empleados después, he construido una máquina voladora que sirve tanto a mi ministerio como a mis esfuerzos empresariales. Las habilidades de los empleados incluyen diseño gráfico, envío y recibos, catering, música y producción cinematográfica, y una gran variedad de áreas distintas que nunca imaginé que serían necesarias para sostener mi trabajo. Pero para crecer, para cumplir el potencial que Dios me dio y sacar el máximo partido a las oportunidades que Él me presentó, tuve que estar dispuesto a inventar algo por mí mismo, un diseño divinamente inspirado.

Usted también debe mirar a lo lejos entre donde usted está y donde quiere ir. Después puede comenzar a construir su propia máquina para que le lleve hasta allí. No podrá hacerlo todo usted solo, pero del mismo modo, todo comienza cuando usted pone su sueño en acción. Usted no puede pilotarlo, mantenerlo y hacerlo volar más alto ¡si no se hubiera involucrado en su construcción original!

Su máquina debe sortear todo tipo de condiciones, algunas que ya conoce y otras que solo descubrirá cuando esté en el aire. Por eso debe mantener su dedo en alto para calcular la fuerza y dirección de los vientos que le rodean. Por eso debe estar preparado para cambios de temperatura y patrones climatológicos de su clima cultural. Los vientos y las tendencias pueden hacer que algo tan formidable y aparentemente indestructible como el *Titanic* se hunda. ¡Pero también se pueden aprovechar para darle poder a su habilidad para despegar y volar!

CAPÍTULO 3

Niña, ¡levántate!

Cuando el viento sopla a favor

Al entrar, les dijo: «¿A qué viene tanto llanto y alboroto? La niña no está muerta, sino dormida». La gente se burlaba de él, pero él ordenó que todos salieran. Tomó luego al padre y a la madre de la niña, y a los que estaban con él, y entró adonde estaba la niña. Jesús la tomó de la mano, y le dijo: «¡Talita cumi!», es decir, «A ti, niña, te digo: ¡levántate!». Enseguida la niña, que tenía doce años, se levantó y comenzó a caminar.

—Marcos 5:39-42, RVC

¿**H**a entrado ya la 609?", me preguntó mi madre. "¿Y la 607?". Estábamos sentados fuera en el patio de mi casa en Texas, disfrutando del suave clima primaveral y viendo a mis perros jugueteando en nuestro jardín. Aunque a mi madre le habían diagnosticado Alzheimer, cuando me hacía esas preguntas, para mí tenían mucho sentido.

"Sí, mamá", dije yo. "Creo que todas las propiedades están al día".

"Eso es bueno", dijo ella, sonriendo para sí. "Qué bendición han sido".

Yo estaba de acuerdo con ella, sabiendo que su observación era una enorme subestimación. Verá, hasta que murió, mi madre fue dueña de siete propiedades que rentaba en West Virginia donde vivíamos cuando yo era pequeño. Ella siempre identificó cada una de ellas y las nombró según el número de la casa de su dirección postal.

Ahora bien, mi madre tuvo estas propiedades durante años. Siendo una mujer joven, tuvo la previsión de invertir sus recursos anticipando el día en que su sueldo se estancara o fuera muy bajo, y su visión la compensó con creces. Al margen del devastador debilitamiento de la enfermedad que opacaba su afilada mente, mi madre seguía recordando cada propiedad y sus detalles mucho mejor que yo.

Mi madre tenía visión de futuro y estaba decidida a ocuparse de su bienestar y del futuro de su familia. Siempre había sido una pensadora progresiva y nunca se limitó a un solo canal de ingresos. Además de enseñar en la escuela, vendía productos Avon desde nuestra casa, cultivaba verduras que yo vendía casa por casa, y hacía todo lo que podía para ayudar a mi padre a sostener a nuestra familia. Del escaso ingreso que ella y mi padre generaban con sus incansables esfuerzos, mi madre se las arreglaba para apartar un poco de dinero hasta que tuvo unos ahorritos listos para comprar su primera propiedad para rentar. Cuando compró esa casita cerca de nuestra casa, comenzó a ahorrar otra vez hasta que tuvo suficiente para comprar otra. Finalmente consiguió varias casas con las que había acolchado su futuro.

Nunca olvidaré una tarde cuando era niño sentado en nuestro salón y ella se citó con un matrimonio de un vecindario a varios kilómetros de donde ella había comprado su primera propiedad. Ellos poseían una pequeña casita de campo que vendían enfrente de donde vivían. Habían acordado cerrar el trato y firmar los papeles para la compra de mi madre ese día. Ellos tres habían ya negociado los términos, y los propietarios habían acordado pagar el préstamo que mi madre necesitaba para la compra. Aunque el marido estaba de acuerdo con este arreglo, su esposa, que realmente no quería vender la propiedad, tenía otra actitud. Tras expresar su reticencia a vender una vez más, ella dijo entre dientes: "De acuerdo... recuperaremos ese lugar para que sea nuestro como siempre lo ha sido".

La tensión era palpable, pero nadie dijo nada mientras su esposo firmaba los papeles y le entregaba la pluma a mi madre. Manteniendo su cara de esfinge, mamá firmó con un garabato, alzó la mirada y sonrió, y dijo: "Sí claro, ¡cuando el infierno se congele!".

Yo no me reí entonces, ¡pero me dieron ganas! Cuando se fueron, mi madre me miraba mientras ambos nos partimos de la risa. Ella dijo: "¡Ellos *nunca* recuperarán esa casa!". Y tenía razón. Esa pareja murió pocos años después, y fiel a su palabra, mi madre conservó esa propiedad durante el resto de su vida, tras haberla pagado rápidamente y establecerla como una fuente extra mensual de ingresos durante décadas después.

Aunque mi mamá recibía una pensión de jubilación de la Junta de Educación del Condado Kanawha por sus años como maestra, una carrera que ella tenía antes de convertirse en agente de Igualdad de Oportunidad y Empleo por el estado de West Virginia, había creado varias vías de ingreso para su jubilación junto con su cheque mensual del Seguro Social. Mi mamá había tomado decisiones estratégicas mucho más temprano en su vida que fueron transformadoras, aliviando la presión normal relacionada con tener un ingreso fijo y planes de jubilación para la mayoría de personas de su edad. Ella no había querido tener que contar con un banco o con el gobierno para controlar sus ganancias futuras y su estándar de vida, y por eso tomó decisiones en 1964 que continuaron dándole ingresos en los treinta y cinco años siguientes.

La joven esposa y madre trabajadora que ella era entonces hizo sacrificios y corrió riesgos calculados a fin de proveer para la anciana que algún día llegaría a ser. Siguiendo su ejemplo, yo he hecho algunas inversiones en varios momentos a lo largo de mi vida adulta, comprando y vendiendo bienes raíces. Lo que en un principio era solo una madre y su hijo riéndose juntos se convirtió en un sentimiento de la importancia de tomar el control de mi futuro financiero.

Mi madre modeló un método que me dio la propensión a pensar por mí mismo y agarrar las riendas de mi destino y conducir en la dirección de mis sueños. Al reflexionar en ello ahora, mi madre estaba haciendo todo eso en una época en que la mayoría de las personas pensaban ¡que el lugar de una mujer era la cocina! Ella era una emprendedora que descubrió que podía volar.

Mi madre entendía que si alguien quiere ser un emprendedor eficaz, de hecho si quiere ser un buen administrador del presente, debe saber ahora cómo prepararse para el futuro. ¡Quienes lo hacen tienen muchas más probabilidades de prosperar mientras otros se quedan en modo supervivencia!

Mujer, oiga su rugido

Yo no soy el único emprendedor inspirado por el ejemplo de mis padres. Durante muchas generaciones, padres y madres han transmitido hábitos para ayudar a sus hijos a desatar su poder y creatividad empleando más de un solo método de dependencia. Cuando éramos pequeños, muchos de nosotros que fuimos criados en comunidades con falta de recursos observábamos mientras nuestra madre y nuestro padre compaginaban dos, tres, incluso cuatro empleos, haciendo todo lo necesario para poner comida sobre la mesa y mantener un techo sobre nuestras cabezas. Algunos de ellos siguieron sus sueños incluso mientras mantenían su empleo de día para pagar las facturas.

La cantante y compositora Valerie June describe el impacto de observar a su padre dirigir dos pequeños negocios, uno de producción y promoción musical y el otro de construcción y demolición, en su propia carrera:

> Al mirar atrás, veo que las empresas de mi padre eran su forma de arte, y aún me encuentro aprendiendo lecciones de los años que trabajamos hombro con hombro. La promoción musical era su pasión, pero la construcción era su fuente de estabilidad económica. Muchas veces en el camino hacia manifestar mi propio sueño musical, me he apoyado en el cimiento de trabajo que mi madre y él pusieron para nosotros. Las cosas que nos apasionan son alimentadas por tareas comunes. Todo es necesario ("The First Time I…Lost a Parent", [La primera vez que yo…perdí a un padre], *New York Times*, pág. 6, 12 de marzo de 2017).

Para muchos de nosotros, nuestra habilidad de volar surgió no solo de las alas que nos dieron nuestros padres, sino también del periodo social y el clima cultural. Cuando yo me crié en la década de los años sesenta y setenta, las mujeres seguían ganando terreno en el entorno laboral. Además de absorber el ejemplo que estableció mi madre, cuando era pequeño pude ver a muchas mujeres en nuestra comunidad que compaginaban con similar destreza múltiples esfuerzos emprendedores. De hecho, la contadora con quien mis padres trabajaban para sus impuestos y para los tratos de bienes raíces de mi madre era la señora Theodora Rutherford, una inteligente mujer de color que dirigía su propia pequeña empresa desde la oficina en su propia casa en Institute, West Virginia.

Aquella era una época en la que estaba surgiendo el movimiento feminista. Las mujeres habían quemado sus sujetadores y habían prendido su destreza empresarial. Comenzaron a conducir, regresaron a la escuela, y dejaron las primeras huellas de zapatos de tacón sobre un techo de cristal que se sacudiría por la fuerza de mujeres tenaces que pasaron de libros de cocina a libros de texto. Aquellas mujeres se convirtieron en las matriarcas vanguardistas que levantaron con palanca la sepultura de las hembras en nuestra sociedad, ¡y enterraron el chovinismo machista en su lugar!

Las mujeres habían entrado en la fuerza laboral por necesidad durante la Segunda Guerra Mundial, y muchas siguieron trabajando después al descubrir nuevas habilidades y talentos latentes. Ni el mundo ni la familia volverían a ser los mismos. Pasaríamos los siguientes cincuenta años o más redefiniendo lo que significaba ser mujer, madre y hermana. Lo que se creía que era una tendencia temporal se transformó finalmente en un estilo de vida.

Mientras que programas de televisión mantenían a la Tía Bee cocinando en la cocina y a Carol Brady viajando en el vehículo compartido, sus homólogas en la vida real estaban traspasando la frontera de los límites domésticos de sus domicilios para entrar en oficinas, fábricas, tiendas y salas de juntas. *Feminismo* se estaba convirtiendo en una palabra que se oía con más frecuencia a medida que pioneras como Gloria Steinem, Barbara Walters y Shirley Chisholm, la primera mujer de color elegida para el Congreso de los Estados Unidos, allanaban el camino.

Mujeres como esas pioneras no solo sacudieron techos de cristal, sino que también se convirtieron en modelos a seguir para las siguientes generaciones. Ellas hicieron incursiones prácticamente en todos los sectores de la industria y el entretenimiento, inspirando a incontables niñas a mirar más allá de sus muñecas Barbie y verse a sí mismas como astronautas, contadoras, actrices, arquitectos y, desde luego, emprendedoras. No es extraño entonces que el número de negocios de propiedad femenina creciera en un 74% desde 1997 hasta 2015, un índice un punto y medio mayor que el promedio nacional de crecimiento, según un estudio encargado y publicado por American Express OPEN ("2015 State of Women-Owned Businesses Report", http://www.womenable.com/content/userfiles/Amex_OPEN_State_of_WOBs_2015_Executive_Report finalsm.pdf).

Las mujeres ahora son dueñas del treinta por ciento de todos los negocios en los Estados Unidos, explicando que haya más de nueve millones de firmas. El estudio concluía: "El único punto brillante en años recientes con respecto al crecimiento en los empleos en el sector privado ha estado entre las firmas cuyas dueñas son mujeres". Apoyando esta conclusión, se calcula que los negocios que las mujeres poseen han añadido 340 000 empleos a la economía desde el año 2007, mientras que el empleo en empresas cuyos dueños eran hombres (o con propiedad igualmente compartida) ha disminuido.

Y las mujeres afroamericanas controlan el catorce por ciento de esas empresas, o unos 1,3 millones de negocios, que es más que el número de negocios cuyos son dueñas *todas* las mujeres de minorías en 1997, según este mismo reporte de American Express. De hecho, el número de negocios cuyas propietarias son mujeres afroamericanas ha aumentado un 332% desde 1997, convirtiendo a las mujeres de color en el grupo de emprendedoras de mayor crecimiento en los Estados Unidos. Este hecho no me sorprende lo más mínimo, ya que yo me crié viendo a mi madre crear algo desde cero, afilando su inteligencia natural y su visión con sentido común de los negocios.

Nunca es demasiado tarde

Mujeres de color que abarcan un rango de edades y etapas son el grupo de emprendedoras de más rápido crecimiento en nuestro país en este momento. Este próspero grupo de nuevas personas que emprenden riesgos está compuesto no solo por mujeres jóvenes con un reciente título universitario en sus manos. Tampoco está formado principalmente por jóvenes profesionales decididas a lanzar una pequeña empresa con un grupo de amigas. Mujeres de todas las edades están descubriendo su lugar y están entrando en el espectro de las oportunidades de emprendimiento en la comunidad global de nuestro mundo en línea.

Las personas ya no se quedan con una empresa en una sola función durante la duración de sus carreras profesionales. Pueden operar dentro de diversos roles en cualquier industria dada o incluso cambiar su campo profesional por completo en busca del área donde puedan aportar con mayor pasión. La jubilación ya no es una opción para otros que, sin embargo, anhelan un cambio que despierte su alma y los rete de maneras nuevas e inesperadas. Es común ver a individuos embarcándose en su segunda, tercera o cuarta actuación a medida que reescriben la narrativa de su propio éxito.

Uno de los máximos ejemplos es Robbie Montgomery, nativa de Mississippi, que se crió cantando en el coro de la iglesia y aprendiendo a cocinar de su madre. Al ser la mayor de nueve hijos, Robbie tenía que ayudar a preparar las comidas, y en el proceso memorizaba las recetas de los deliciosos platos caseros por los que era conocida su mamá. Lo que no sabía era que ese talento culinario volvería a resurgir más adelante cuando Robbie se fue de su casa para seguir una carrera profesional como cantante. Su talento vocal le condujo a hacer una gira como corista para Ike y Tina Turner, y más adelante hizo trabajo de estudio con Dr. John, Joe Cocker, Stevie Wonder y Barbra Streisand.

Cuando una enfermedad de los pulmones no sanó bien, Robbie se vio obligada a poner fin a su carrera profesional en la música, lo cual la condujo a explorar sus opciones. En primer lugar, examinó el campo de la medicina trabajando como técnico de diálisis. Pero afortunadamente para cualquiera que haya probado alguna vez su plato de costillas o su pastel de durazno, el amor por la comida de Robbie enseguida la empujó de regreso a cocinar los deliciosos platos que había aprendido a preparar cuando era pequeña.

Su historia sería un éxito triunfante si hubiera terminado ahí, pero el camino de la señorita Robbie se cruzó con el de otra muchacha de Mississippi llamada Oprah Winfrey. A Oprah no solo le encantó la cocina de la señorita Robbie, sino que también colaboró con ella para crear un programa de *reality* para la televisión para el canal Oprah Winfrey Network (OWN). *Sweetie Pie's* documenta los altibajos, las luchas y los éxitos de dirigir un negocio familiar a medida que la señorita Robbie y su hijo Tim Norman intentan ampliar su marca y también sus ubicaciones.

Recientemente, mientras estaba en Los Ángeles rodando mi programa, noté que Sweetie Pie's acababa de abrir un nuevo restaurante en Beverly Hills. Al ser un seguidor de la señorita Robbie y también de su cocina, tenía el tiempo suficiente entre salir del plató y agarrar mi vuelo para hacer una parada allí. La comida era tan deliciosa como siempre, y me hizo recordar las comidas que mi madre y mis tías cocinaban para las cenas de los domingos y en reuniones familiares. Tomé una fotografía y la subí de inmediato a Instagram, feliz por cumplir con la responsabilidad que tenemos de ayudarnos unos a otros a sobrevivir.

Al ir conduciendo, reflexioné en que muchas personas conocen la cocina de la señorita Robbie pero no encuentran la lección en su historia. Ella no solo aterrizó sobre sus pies después de verse obligada a cambiar de carrera profesional, sino que también demostró el poder de aprovechar las oportunidades. Una cosa es ser un cliente de un negocio, pero otra distinta es promocionar ese negocio como un embajador de afirmación.

Robbie Montgomery cumplió su sueño de ser cantante profesional pero lo vio desaparecer cuando su salud se deterioró. En lugar de lamentar su pérdida o revolcarse en el desengaño, ella corrió un riesgo para transformar algo que amaba en algo que otros también amarían. Convirtió su talento en un restaurante, y catapultó su restaurante a un programa de *reality* que le da una exposición extraordinaria y le permite abrir restaurantes en múltiples ubicaciones. Al haber aprendido el poder de la adaptación y la perseverancia, se negó a conformarse con una vida de lamento. Volvió a imaginarse a sí misma y reinventó su propósito para crear comida en lugar de música.

Comenzar con lo pequeño, terminar a lo grande

La señorita Robbie ilustra lo que considero que es un principio clave para los emprendedores: comenzar con lo pequeño para terminar a lo grande. Ahora bien, observe por favor que no dije soñar pequeño; por el contrario, lo aliento a lanzar grandes sueños que estirarán su imaginación y requerirán que confíe en que la inspiración divina lo sostenga. Pero debe comenzar donde está y utilizar lo que tiene.

Cuando nuestros sueños sobrepasan nuestros recursos y nuestra visión trasciende nuestras oportunidades presentes, debemos recordar comenzar con lo pequeño incluso mientras nos esforzamos hacia alcanzar el éxito.

Debido a que las empresas pequeñas tienen pocos recursos

para cubrir los primeros años, muchos emprendedores tendrán que emplear un enfoque medido de sus sueños. No es falta de fe lo que lo hace comenzar por lo pequeño; es simplemente el acceso al capital y la comprensión de que puede que no tenga el tiempo o los recursos necesarios para dedicar toda su atención a su sueño sin dejar en bancarrota sus otras responsabilidades.

La sabiduría requiere que usted considere qué cantidad de tiempo y de dinero puede invertir en su sueño mientras contempla con atención lo que de manera realista tiene a su disposición. En pocas palabras, no puede jugar con unas cartas que no le han dado. Mi madre había ahorrado un poco de dinero, pero con hijos pequeños y un flujo regular de gastos mensuales, necesitaba una inversión que no consumiera su tiempo cuando ya estaba trabajando.

Usted tiene que comenzar donde esté. Modifique su estrategia para que encaje en sus realidades, pero en cualquier cosa que haga, no se quede inactivo. ¡Debe utilizar lo que esté en su mano! Este principio me recuerda las instrucciones que Dios le dio a Moisés cuando el pueblo de Israel era esclavo en Egipto. Dios llamó a Moisés a confrontar al Faraón y a dirigir a su pueblo a la Tierra Prometida, lo cual era una empresa grandiosa. Pero cuando Moisés comenzó a poner excusas, Dios le dijo que comenzara con lo que tenía en su mano.

Moisés volvió a preguntar:

—¿Y qué hago si no me creen ni me hacen caso? ¿Qué hago si me dicen: "El Señor no se te ha aparecido"?

—¿Qué tienes en la mano?—preguntó el Señor.

—Una vara—respondió Moisés.

—Déjala caer al suelo—ordenó el Señor.

Moisés la dejó caer al suelo, y la vara se convirtió en una serpiente. Moisés trató de huir de ella, pero el Señor le mandó que la agarrara por la cola. En cuanto Moisés agarró la serpiente, esta se convirtió en una vara en sus propias manos (Éxodo 4:1-4).

Para Moisés no era nuevo reinventarse a sí mismo, y en su caso había sido una espiral descendente. Rescatado por la hija del Faraón de una cesta entre los juncos en el río Nilo, Moisés fue criado como la realeza egipcia, y no como un esclavo hebreo. Entonces su irascibilidad se llevó lo mejor de él y mató a un egipcio, lo cual obligó a Moisés a huir al desierto como fugitivo. Quizá se habría contentado con cuidar ovejas y subsistir en las duras y áridas condiciones, no lo sabemos. Pero lo que sí sabemos es que Moisés no desperdició tiempo alguno en desarrollar toda una lista de excusas enlatadas y nuevos temores.

Dios, sin embargo, no está interesado en las excusas de Moisés, al igual que no es engañado por las de usted o las mías. En cambio, simplemente le pregunta a Moisés: "¿Qué tienes en la mano? ¡Comencemos con lo que tienes!". Moisés tiene una tarea inmensa frente a él, pero no necesita esperar hasta que la mayoría lo acepte, o hasta tener un gran ejército, o a ser un orador mejor y menos temeroso. ¡Dios básicamente le dijo a Moisés que dejara de esperar y comenzara a caminar! Si lo permitimos, la vacilación solo se convertirá en una limitación; pero comenzar con algo demasiado grande y apuntar demasiado alto puede ser igualmente limitador y destructivo al final.

Un viejo proverbio chino nos recuerda que un viaje de mil kilómetros comienza con un solo paso. Yo diría que un imperio millonario comienza con esa cosa que usted ya hace bien, ese talento, habilidad, capacidad o servicio que otros necesitan. Sí, sería maravilloso comenzar con cientos de miles de dólares en capital de inversores amigables y pacientes. Sí, sería fantástico tener un equipo de colegas talentosos, trabajadores y del mismo sentir que quieran participar en el viaje para cumplir su sueño.

Pero cada viaje, sin importar cuán grande sea, comienza con poner un pie delante del otro. El cielo puede que sea su límite, pero la realidad es siempre su pista de despegue. Si quiere volar, ¡primero tiene que batir sus alas!

Querer paciencia; ¡y quererla ahora!

Sin importar su edad o su etapa en la vida, puede seguir siendo fructífero si está dispuesto a mirar al interior a lo que tiene usted en su mano. Pero comenzar por lo pequeño y hacer crecer su negocio requiere extrema paciencia, algo que es desafiante para todos nosotros pero que es esencial para los dueños de negocios exitosos. Tal paciencia resulta más fácil para algunas personas, y para algunas generaciones, que para otras.

Mis hijos naturales y también los espirituales son principalmente de la generación de los mileniales, nacidos entre principios de la década de los ochenta y principios de la de 2000. Me encanta totalmente su pasión, pero han tenido que luchar regularmente con su impaciencia. Yo soy de la generación *baby boomer*, constructor por naturaleza, nacido en una época en la que nuestro país estaba creciendo en todos los campos y fronteras. Pero construir algo que valga la pena tener…toma…tiempo. Hay que esperar luchas. Muchos de mis pupilos más jóvenes que comienzan nuevas aventuras empresariales, desde aplicaciones en línea y sellos discográficos hasta organizaciones sin fines de lucro, subestiman el tiempo de aceleración necesario para el despegue. Debido a que crecieron viendo a sus héroes en pleno vuelo, en raras ocasiones han visto los errores, los traspiés y los malentendidos que son por naturaleza parte de cualquier ascenso.

Los mileniales han visto a personas tener éxito de la noche a la mañana con sensaciones virales en canales de YouTube y a amigos ferozmente exitosos en Facebook. Están acostumbrados a la marca de éxito Kardashian en la cual cualquiera puede seguir sus sueños y alcanzar mucha notoriedad por ello. Sí, habrá esas supernovas, y gracias a las redes sociales sabremos de ellas en actualizaciones constantes de su estatus de celebridad, pero son excepciones y no ejemplos. *El éxito es un proceso que toma tiempo.*

Teniendo tales estrellas fugaces como sus modelos, muchos mileniales subestiman el tiempo de aceleración requerido. Cuando su proyecto no despega y sube como si fuera un helicóptero, tienden a tener la sensación de haber fracasado y quieren abandonar. ¡Demora no es lo mismo que denegado! Debe tener una estrategia financiera a largo plazo que pueda sostener el crecimiento firme de su negocio sin comerse los beneficios, y fondos necesarios para el mantenimiento y la expansión. Muchas personas, no solo mileniales, se derrumban en su primer año porque no tienen capital suficiente para sostenerse a sí mismos e invertir en el negocio al mismo tiempo.

Puede que necesite comenzar a tiempo parcial antes de lanzar su proyecto y comprobar si puede permitirse contratarse a usted mismo a tiempo completo. Mi principal preocupación con el modelo del helicóptero es que se pierde el encontrar su propio ritmo y mantener el trabajo duro que podría haber asegurado su éxito con el tiempo. Por ejemplo, si tiene préstamos, asegúrese de contar con el costo para operar su negocio pero sea razonable también con respecto al tiempo requerido para llegar a obtener beneficios.

No quiero dar a entender que la impaciencia solamente ataca a los jóvenes, porque puede golpear a cualquiera a cualquier edad; pero estoy convencido de que los modelos que tuvimos frente a nosotros cuando éramos pequeños por lo general tienen una influencia directa en nuestras expectativas y nuestra disposición a demorar la gratificación. Y las expectativas son primordiales. Si usted no espera un proceso y se mete en uno, entonces pensará que está fracasando cuando es tan solo el estado actual del partido. Recuerde: ¡la graduación se apoya en aquello que es gradual!

Nadar con los tiburones

Me encanta ver el programa de televisión *Shark Tank* (Negociando con tiburones), en el que colegas emprendedores muestran su producto, servicio o idea a un panel experto de inversores con experiencia, principalmente directores generales exitosos. Esos potenciales inversores casi siempre preguntan a los participantes qué otros inversores tienen y cuánto han ganado hasta ahora esos inversores. Los emprendedores veteranos no solo quieren saber con quién compartirán potencialmente beneficios, pues solo quieren invertir en algo que haya maximizado su nivel actual. De otro modo, saben que se estrellará.

Por fortuna, usted no tiene que tener inversores con dinero o banqueros liberales para lanzar su proyecto. Sospecho que ahora más que nunca tenemos grandes oportunidades para emprender nuevos negocios con menores recursos que otros soñadores anteriores. Al aprovechar las herramientas en línea y las redes sociales, podemos minimizar costos a la vez que alcanzar a un grupo enorme de consumidores. Conozco a muchas personas que han comenzado por lo pequeño, enumeraron sus productos en eBay, o Etsy, o en otros sitios web, crearon una cuenta PayPal, y obtuvieron un impulso sostenido. Tales oportunidades han nivelado la cancha de juego para que nazcan pequeños negocios.

Muchas veces, en las primeras etapas embrionarias de lanzar un nuevo proyecto, usted está tan ocupado haciendo el negocio que no tiene tiempo para promocionar el negocio. Pero sin importar cuán estupendo sea su producto, cuán útil sea su servicio, o cuán transformadora sea su organización sin fines de lucro, sin una conciencia promocional dirigida al núcleo de sus componentes, se hundirá y finalmente fracasará. La Biblia dice: "Ni se enciende una luz y se pone debajo de un almud, sino sobre el candelero, y alumbra a todos los que están en casa" (Mateo 5:15, RVR1960).

No es suficiente con tener un talento, una habilidad o un servicio. Usted debe ser capaz de gestionar el negocio y su crecimiento al igual que ponerlo en el mercado eficazmente en cada etapa de desarrollo. Pero hacer promoción y mercadeo de su negocio puede ser más fácil y más rentable que nunca antes. Con unos pocos golpecitos de dedo en su teléfono inteligente, puede enviar tweets, escribir blogs, titulares y toques a un costo mínimo.

Si está en un negocio donde hace algo con sus propias manos, como cuidado del cabello, cocina, cosmetología, o es dentista o quiropráctico, se emplea tanta energía en hacer eso que queda poco tiempo o energía para la planificación. Pero para agarrar velocidad, ¡debe tener sus manos libres! Tiene que tener la capacidad de formar a otros a fin de crecer e incorporar a otros a su equipo. Sin tomar tiempo para alejarse de su negocio para obtener un panorama a 30 000 pies de altura, estará volando constantemente bajo.

Ser un emprendedor es una mentalidad, y no se trata tanto de dinero. Así que si quiere lanzar su negocio con la esperanza de obtener riquezas de la noche a la mañana, vuelva a pensarlo. Debe amar apasionadamente algún aspecto de su proyecto o, como en cualquier relación, el encaprichamiento se desvanecerá rápidamente cuando los asuntos prácticos eliminen la capa de romanticismo. Debe estar dispuesto a ver el cuadro general incluso mientras conecta los puntos diariamente y se enfoca en los detalles.

Debe disfrutar de ser un solucionador de problemas, y no solo un hacedor de dinero.

El viento a sus espaldas

Finalmente, le aliento a conocer los patrones meteorológicos de la geografía de su negocio. Con eso me refiero a que se asegure de realizar todas las diligencias que sean posibles para asegurar que su producto o servicio sea visible, accesible, y conveniente para la audiencia a la que se dirige. En otras palabras, ¡vuele a favor del viento y no contra él!

No querrá abrir una joyería de lujo en un vecindario donde solamente hay casas de empeño, fábricas vacías, casas deterioradas y oficinas de préstamos de efectivo. El sentido común indica que una zona así está experimentando un declive económico y abandono de residentes. Las personas que sigan estando allí probablemente no estarán en el mercado adecuado para adquirir un brazalete de diamantes o un reloj Patek Philippe.

Es crucial investigar y asegurarse de estar actualizado y no desfasado. Mirar patrones históricos puede ser útil para identificar tendencias y el efecto que pueden tener otras variables, pero principalmente querrá tener datos actuales sobre hábitos de consumo, niveles de ingresos y patrones de compra. Querrá saber lo que esas personas leen, en qué restaurantes cenan, dónde van a la iglesia, dónde trabajan, cómo visten, y cuáles de sus problemas puede usted solucionar.

Alzar el vuelo con sus sueños emprendedores requiere una valentía inmensa. Quizá lo más aterrador que he hecho jamás fue contratar empleados y arriesgar no solo el éxito de mi negocio, sino también el sustento de varios individuos y sus familias.

Independientemente de cuán detallada y prometedora pueda ser su investigación, cualquier plan de vuelo exitoso debe incluir fe. Con frecuencia, no hay red de seguridad. Debe usted sentir el temor y a pesar de ello hacer lo que haya que hacer. Fe no significa que ignoremos hechos y cifras o descartemos el sentido común. La fe necesita datos y hechos para ver más allá de eso.

La previsión meteorológica significa tomar en consideración algo más que tan solo la cercanía inmediata donde usted quiere poner su tienda. Significa mirar cuál es la salud de la economía nacional e internacional y también circunstancias personales y responsabilidades presentes. Si usted tiene hijos pequeños, entonces tendrá que acomodar en sus planes la presencia de ellos, lo cual podría significar trabajar desde casa con ellos a su lado, incluir costos de cuidado infantil en su presupuesto de gastos, o encontrar soluciones creativas.

Finalmente, nunca habrá un momento perfecto para dar su primer paso hacia el lanzamiento de su nuevo negocio o sueño empresarial. Sí, es importante tener y desarrollar un buen sentido del momento, pero incluso con precisión de reloj suizo, aun así cometerá errores, será cegado por las decisiones de otros, y enfrentará obstáculos inesperados.

Leer la dirección del viento, personal y profesionalmente, es a la vez un arte y una ciencia. Y aunque creo que las condiciones actuales son óptimas para todos los que tenemos pasión de emprendedor, también creo que algunas personas tienen cierta ventaja. En otras palabras, si es usted mujer y quiere volar, ¡el viento sopla en su dirección!

PARTE II

CONSTRUYA SUS ALAS

Él fortalece al cansado y acrecienta las fuerzas del débil…los que confían en el Señor renovarán sus fuerzas; volarán como las águilas.

—Isaías 40:29-31

CAPÍTULO 4

Se necesitan dos

Inspiración e innovación

El hombre que no tiene imaginación no tiene alas.

—Muhammad Ali

Me crié durante la Era Espacial, un periodo que comenzó con el lanzamiento ruso del Sputnik el año en que yo nací. A lo largo de la década de los sesenta, la carrera estaba en curso mientras nuestro país competía para ser el primero en hacer aterrizar en la luna una nave espacial tripulada. Alimentado por programas de televisión como *Mi marciano favorito*, *The Jetsons*, *Star Trek* y *Perdidos en el espacio*, parecía que cada muchacho y muchacha deslumbrados soñaban con ser un astronauta como Neil Armstrong o Buzz Aldrin, o un explorador futurista como el Capitán Kirk, Mr. Spock, o la Teniente Uhura, uno de los personajes femeninos que no era de raza blanca y que se movía por la galaxia.

De hecho, el querido personaje representado por la actriz Nichelle Nichols traspasó fronteras en la televisión simplemente por presentar un personaje de descendencia africana en un papel de liderazgo en lugar de uno de servicio. En su autobiografía, la señora Nichols revela que ella ayudó a poner nombre a su personaje sugiriendo la palabra en idioma swahili para libertad, *uhura*, al creador de la serie Gene Roddenberry. Su personaje participó en otro hito cuando ella y William Shatner compartieron uno de los primeros besos interraciales en televisión, obligados a besarse, desde luego, por extraterrestres hostiles que encontraron en un planeta distante.

Incluso más fascinante que estos datos nostálgicos es algo de lo que habló recientemente la señora Nichols en una entrevista con Neil deGrasse Tyson sobre por qué ella siguió en el programa durante la duración de sus tres temporadas y también en su transición al largometraje (https://www.startalkradio.net/show/a-conversation-with-nichelle-nichols). Al provenir de un trasfondo en el teatro musical, ella planeó irse después de la primera temporada pero se encontró con un Trekkie de lo más inesperado en un acto para recaudar fondos de la NAACP: ¡el Dr. Martin Luther King!

Parece que el doctor y la señora King eran grandes seguidores del programa, uno de los pocos programas que permitían ver a sus hijos. Cuando la señora Nichols les dijo que planeaba dejar el programa, el doctor King la alentó a quedarse, citando su papel como un modelo a seguir en una sociedad pacífica e integrada tan importante en la cultura popular. La señora Nichols se quedó, ¡y siguió llegando con valentía donde ninguna mujer de color había ido antes!

Elevarse alto

Estoy seguro de que habría sido mucho más fácil para Nichelle Nichols quedarse en su zona de comodidad, actuando con iconos de la música como el gran Duke Ellington, con quien había ido de gira antes de ser seleccionada para *Star Trek*. Pero ella deseaba extender sus habilidades de interpretación, y no iba a permitir que los estereotipos de la sociedad y el racismo cultural la detuvieran. Puede que ella no tuviera la intención de ser una pionera, pero perseguir su sueño requirió que ella trazara su propio camino. No es ninguna sorpresa entonces que Mae Jemison, la primera mujer afroamericana en ir al espacio, citara a la Teniente Uhura de Nichols como un modelo a seguir para su propio viaje pionero a bordo del transbordador espacial *Endeavour*.

Desde luego, probablemente nunca habríamos tenido programas como *Star Trek*, y menos aún un programa espacial real que condujera a aterrizar en la luna, sin primero despegar del suelo. Cuando consideramos a los pioneros de la aviación, por lo general pensamos en los hermanos Orville y Wilbur Wright poco después de la llegada del siglo xx haciendo despegar su máquina voladora de ala fija del suelo cerca de Kitty Hawk, en Carolina del Norte. O quizá aquellos de nosotros que somos entusiastas de la historia podríamos imaginar a Charles Lindbergh volando a través del océano Atlántico por primera vez, o a una atrevida Amelia Earhart, la primera mujer en completar el mismo viaje en solitario.

Pero hay una historia más anterior de vuelo humano que captura mi imaginación, un mito antiguo sobre un ingenioso inventor y su osada escapatoria de una trampa peligrosa que él mismo había creado. La historia comienza en Creta, la más grande de las islas griegas, cuando el rey Minos contrató a un visionario brillante llamado Dédalo para que diseñara y construyera una residencia real adecuada conocida como el Palacio de Cnosos, una asombrosa maravilla arquitectónica cuyos restos parcialmente restaurados pueden visitarse aún en el presente. También se le pidió a Dédalo que diseñara una cárcel para los enemigos del rey, y el resultado fue un enorme enredo llamado el laberinto.

Como muchas relaciones entre dueños y contratistas, la que había entre Minos y Dédalo se agrió poco después, y el diestro artesano pronto se encontró, junto con su joven hijo, Ícaro, encarcelado en el laberinto que él mismo había diseñado. Conociendo el lugar tan detalladamente como lo conocía, Dédalo sabía que nunca encontrarían una salida, e incluso si la encontraban, estaban en una isla y sin ningún bote. Por lo tanto, a Dédalo se le ocurrió otra idea: si no podían salir fuera, ¡irían hacia arriba! Creando alas con ramas caídas y cera de abeja, encontró una salida para salir verticalmente.

Por fantástica que pueda ser esta historia, creo que la mayoría de nosotros podemos identificarnos con tener la sensación de ir en círculos, perdidos en un laberinto que nosotros mismos hemos creado e incapaces de encontrar una salida hacia la vida que deseamos llevar. En cambio, nos sentimos atrapados en túneles construidos por demasiadas responsabilidades y obligaciones, cercados en cada paso por circunstancias que aparentemente están fuera de nuestro control. Algunos de los obstáculos que crean las calles de su propio laberinto puede que sean personales y estén relacionados con el papel que ocupa en su familia. Otras barreras surgen en sus proyectos profesionales a medida que se esfuerza por agradar a jefes que están enfocados en los balances y beneficios en empresas que puede que quizá mañana ya no existan.

Para algunos, puede ser el cuidado de hijos pequeños siendo madre o padre soltero a la vez que compagina una carrera profesional, una hazaña que requiere balancear dos roles a tiempo completo en un día de 24 horas. Otros puede que manejen cargas aún más pesadas, forzados a convertirse en el cuidador de padres ancianos o de un cónyuge que sufre una enfermedad crónica. Y es más, puede que sea su propia salud y situación médica lo que parece limitar su habilidad para escapar a su encarcelamiento actual.

En el lugar de trabajo vemos que otros son ascendidos a puestos que nosotros queríamos pero que no conseguimos por razones que no llegamos a entender. Queremos terminar nuestra carrera, o incluso cambiar de carrera, pero el riesgo parece ser demasiado grande, y el beneficio potencial demasiado inseguro. Otros puede que tengan ya su licenciatura, junto con una deuda por estudios astronómica, pero no tienen empleo. Tener un título ya no significa que esté a la espera una carrera bien pagada y satisfactoria, si es que alguna vez significó eso. Esta realidad se ve reforzada por el hecho de que las deudas de estudio recientemente llegaron a la marca del billón de dólares (¡son doce ceros!) a la vez que los salarios permanecen constantes, teniendo en cuenta que significa poder comprar menos con el aumento en el costo de vida.

Durante esos periodos, hacemos lo que tenemos que hacer, lo que debemos hacer para alimentar a los hijos, pagar las facturas, limpiar la casa, acompañar a un padre o madre a una cita con el médico, y cuidar del resto de la familia. Aunque con frecuencia sentimos que estas demandas son muy absorbentes, solamente nos abruman si nos resignamos a quedarnos en nuestro laberinto actual durante el resto de nuestra vida. En cambio, debemos permitir que el ejemplo de Dédalo nos inspire a ver lo que podemos hacer con los recursos que tenemos a la mano. Debemos mantener vivos nuestros sueños emprendedores encontrando un modo de expresar nuestras capacidades creativas incluso dentro de nuestros límites contemporáneos.

Debemos resistir la tentación de renunciar a la esperanza y suponer que solamente las personas que nacen con las alas doradas de la educación formal y la estabilidad económica llegan a volar. El éxito labrado con nuestras propias manos no solo es posible, sino también más satisfactorio por la cantidad de sangre, sudor y lágrimas que empleamos. Y el primer paso no es levantar la vista y soñar con volar hasta el siguiente nivel. El primer paso es ver cuán lejos ha llegado ya.

¿Qué le ha llevado hasta el punto donde está? ¿Qué habilidades ha adquirido al trabajar en su lugar de trabajo actual? Incluso si es un ejemplo negativo, queriendo decir que ahora sabe lo que no quiere hacer cuando sea mánager o dueño de un negocio, sigue siendo valioso.

¿Qué intereses creativos le atraen? ¿Observa siempre los peinados de otras mujeres, pensando en los que enmarcarían la cara de alguien perfectamente? ¿Le encantan los animales y tiene un talento natural para entrenarlos para que obedezcan? ¿Comentan siempre sus amigas sobre el tapiz que cuelga en su sala, el que usted cosió con viejos retales que le dio su abuela?

Y antes de que me diga que no tiene ningún talento especial, habilidades o intereses, le suplico que vuelva a pensarlo y reflexione en lo que le encantaba cuando era niño y que le sigue gustando en el presente. ¿Autos deportivos? ¿Libros? ¿Jardinería? ¿Cocinar? ¿Coser? Como habrá observado por la abundancia de libros y marcadores en casi todas las tienda donde entra, ¡incluso una actividad infantil favorita como colorear se ha convertido en un gran negocio!

Soplar en el cuerpo

Una de las razones por las que soy atraído a la historia del escape de Dédalo del laberinto es que él no solo utilizó lo que tenía para hacer alas, sino que usó la mayor herramienta que tenía, su mente, para entender que lo que le había llevado allí también podía sacarlo de allí. Por lo general, denominamos inspiración a ese tipo de comprensión, ese momento de revelación en el que la chispa de nuestra imaginación prende fuego a la yesca de nuestras circunstancias actuales.

La inspiración puede llegar en todo tipo de formas y tamaños, y lo mismo que inspira a una persona puede que otros ni siquiera lo noten. La palabra misma viene del latín *inspirare*, que significa soplar vida en algo. Es la palabra que encontramos en Génesis cuando Dios crea a Adán. "Y Dios el Señor formó al hombre del polvo de la tierra, y sopló en su nariz hálito de vida, y el hombre se convirtió en un ser viviente" (Génesis 2:7).

Notemos que Dios primero le dio forma al cuerpo de este hombre antes de hacer una RCP divina y soplar vida en él. Muchas veces nos sentimos inspirados por una situación u oportunidad e intentamos poner en ello nuestra energía, antes de haber creado una estructura para sostenerlo. Veo a personas lanzar una pequeña empresa sin considerar cómo manejar las operaciones diarias o la expansión progresiva. Entonces llegan a un estancamiento donde sienten como si estuvieran en una cinta andadora sin modo alguno de avanzar, porque carecen de la infraestructura necesaria para un crecimiento sano.

Es fácil dar el salto mental desde su amor a hornear hasta ser dueño de su propia panadería. Pero precisamente los aspectos que más disfruta sobre hornear puede que sean lo que evita que su panadería se convierta en un negocio exitoso. He conocido a varias mujeres que, como la señorita Robbie Montgomery de Sweetie Pie's, aman la cocina y, por lo tanto, se sienten inspiradas a abrir su propio restaurante o negocio de catering. Tienen la experiencia, la maestría y la creatividad culinaria para producir comidas deliciosas y postres de lujo.

Pero lo que no tienen es la experiencia en los negocios necesaria para el mercadeo, para anunciar y promocionar su tienda. No tienen las habilidades administrativas o de gerencia necesarias para contratar a las personas adecuadas para los papeles correctos. No tienen la experiencia en inversión para saber cuándo ampliar el negocio en su ubicación actual, cuándo buscar un local más grande, y cuándo abrir una segunda tienda. Es fácil pensar en inspiración simplemente como agarrar el fósforo de algo que usted ama y hacerlo chocar con su oportunidad presente. Pero sin tener una vela que encender, su llama se apagará rápidamente, quemando sus dedos en lugar de iluminar su camino.

La inspiración debe estar arraigada en el polvo que usted ha juntado y ha moldeado dando forma al cuerpo de su negocio antes de intentar soplar vida en él. Muchas veces, también, la idea que usted hace nacer comenzará pequeña, parecido a un niño que se gesta en el vientre de su madre. Con alimento y amor, el bebé crece hasta que llega el momento de nacer en el mundo. Desde ahí se convierte en un niño pequeño y sigue madurando hacia la adolescencia y la edad adulta. Cada etapa de desarrollo toma tiempo y requiere los estímulos adecuados para que sea maximizado un crecimiento sano.

La inspiración también se mantiene arraigada en el momento presente, suficiente para adaptarse a condiciones cambiantes. Con frecuencia, puede comenzar con una idea y darse cuenta de que la verdadera oportunidad radica en algo que descubre accidentalmente. Numerosos productos exitosos han surgido porque en algún lugar en el proceso de desarrollo, algo fue mal o alguien cometió un error. Por ejemplo, la Coca-Cola comenzó, supuestamente, cuando la asistente de un farmacéutico derramó soda sobre el vaso que su jefe había estado utilizando para crear una nueva cura para el dolor de cabeza. Aunque algunas personas podrían testificar de sus poderes medicinales, la mayoría de nosotros consideramos la Coca-Cola un refresco mejor para disfrutarlo con hielo una tarde cálida.

El horno microondas llegó a existir cuando un ingeniero, al final de la Segunda Guerra Mundial, se dio cuenta de que el magnetrón con el que estaba trabajando como parte de un radar militar había fundido la barrita de caramelo que llevaba en su bolsillo. Juegos favoritos de los niños, como Play-Doh y Silly Putty fueron ambos el resultado de errores cometidos por científicos investigadores en busca de otras fórmulas. Charles Goodyear reveló en una ocasión que la fórmula de su empresa de neumáticos para la goma vulcanizada se había descubierto por casualidad. Químicos de Pfizer estaban trabajando en un nuevo medicamento para tratar enfermedades del corazón cuando descubrieron una asombroso efecto secundario que dio como resultado la Viagra.

Por lo tanto, considere una bendición el hecho de que usted no está donde quiere estar o donde pensaba que debería estar. En lugar de aferrarse con fuerza a la meta original que tenía de comenzar su propia panadería, piense quizá en enfocarse y experimentar con su producto más vendido. En lugar de intentar dirigir una panadería tradicional que ofrece pasteles, tartas y galletas, estreche su enfoque y ofrezca solamente un tipo de producto, galletas de chispas de chocolate. ¡Parece que eso funcionó para Mrs. Fields!

Hacerlo nuevo otra vez

La inspiración es solo la mitad de la ecuación para el vuelo emprendedor exitoso. Aunque podría ser capaz de despegar del suelo con esta sola ala, no llegaría lejos y sin duda se cansaría rápidamente. En cambio, considere el modo en que la innovación puede ser su segunda ala trabajando en tándem con la inspiración.

Innovación viene de la raíz latina *innovare*, que significa hacer nuevo o renovar. Este concepto supone que algo existe como un fundamento, una base, que entonces se cambia de algún modo para hacerla nueva y mejorada. En otras palabras, la inspiración le hace comenzar, pero hacerlo a su propio modo altera lo que usted tiene que ofrecer de una manera que lo marca como suyo de modo único. Nadie hace cupcakes, aretes, trapeadoras o bolsos del modo en que Hostess, Tiffany, Swiffer y Louis Vuitton hacen esos productos.

La innovación toma una cosa buena y la mejora haciéndola

propia. Esta mejora podría ser reconocer una mayor necesidad que puede suplir o un modo más eficaz de solucionar un problema común. Podría ser añadir cierto tipo de estilo o mejorar un producto particular para que sea más práctico, hermoso, o ambas cosas.

Mi preocupación con gran parte de la innovación que hemos visto demostrada en nuestra cultura consumista es que está motivada únicamente por las ventas. Si a la gente le gusta el relleno de las galletas Oreo, comprarán una versión que tenga el doble de relleno de crema. No es por meterme con Oreo, y confieso que en raras ocasiones voy al supermercado, pero la última vez que estuve en el pasillo de las galletas (¡no me juzgue ahora!) conté una docena de distintas variedades de Oreo, incluidas calabaza, red velvet, lima, naranja, sin mencionar la vainilla tradicional. Para mí, esas variantes no son verdaderamente innovadoras; son simplemente para el propósito de satisfacer a consumidores que tengan curiosidad culinaria.

La innovación hace algo más que cambiar el sabor; cambia la forma. La innovación convierte los limones en limonada y transforma los tomates en kétchup. Cuando imaginé MegaFest por primera vez, vi un evento que fuera un híbrido de muchos tipos distintos de eventos y conferencias. Quería unir a la comunidad, educar mentes emprendedoras, inspirar a personas con asombrosos predicadores, conferencistas y músicos, y entretener con cantantes, cómicos y artistas que fueran íntegros y amigables hacia la familia. Quería que MegaFest tuviera sustancia y a la vez fuera divertido, para crear una experiencia distinta a cualquier otra cosa que hubieran experimentado nunca los asistentes.

Con los años, mi visión ha evolucionado, ha crecido, y ha sido moldeada por la prueba y el error y por los cambios en nuestra cultura, el medioambiente y la economía. A medida que crecimos, el mero tamaño del evento se convirtió en un factor a tener en cuenta en la toma de decisiones, porque teníamos que encontrar un lugar lo bastante grande y accesible para acomodar a cientos de miles de personas. Teníamos que pensar en términos prácticos sobre estacionamiento, transporte público, baños, primeros auxilios, concesiones y comida.

Cada vez que me reúno con mi equipo y con nuestros otros colaboradores para pensar en un nuevo MegaFest, no solo quiero que sea mejor que el anterior, sino también único con respecto a donde estamos ahora. Aprendí que algunos artistas mejoran cada vez que volvemos a invitarlos, e innovan su charla o concierto de maneras que lo mantienen fresco para los invitados que los han visto varias veces antes. De modo similar, quienes tienen solamente un espectáculo, una conferencia o un concierto que compartir no son por lo general buenas opciones.

Si no puede usted diversificar lo que ofrece, limita su recepción y su capacidad de perdurar. Los innovadores son capaces de adaptarse y cambiar elementos rápidamente, aprovechando una oportunidad de lo que otros consideran limitaciones. Incluso después de que Dédalo se diera cuenta de que no tenía ninguna otra dirección que seguir sino hacia arriba, aun así tuvo que conseguir la materia prima para fabricar las alas con las cuales volar. Él no tenía plumas, tela o metal, pero sí tenía ramas y cera de abejas.

Esos materiales tenían limitaciones, una lección que su hijo, Ícaro, descubrió por el camino difícil.

Cuando se funden las alas

Antes de salir volando del laberinto, Dédalo advirtió a Ícaro que no volara demasiado cerca del sol, sabiendo que el calor fundiría la cera que sujetaba en su lugar las alas. Como la mayoría de muchachos,

Ícaro permitió que su exuberancia eclipsara la advertencia de su padre, y voló demasiado alto y demasiado rápido. Estoy seguro de que estaba atolondrado por la emoción de escapar de los rincones del tortuoso laberinto donde habían estado atrapados. Pero permitió que su pasión superara lo práctico, con resultados desastrosos. Cuando sus alas comenzaron a fundirse, Ícaro comenzó a caer en picado, y había poco que Dédalo pudiera hacer para salvarlo. En lugar de prestar atención al consejo de su padre y mantener una altitud que habría mantenido su vuelo, Ícaro cayó al mar y se ahogó. Tanto el mar como la isla cercana llevan su nombre.

Quizá ahora vea cómo esta leyenda mítica no solo nos inspira, sino que también sirve como un relato de advertencia sobre alcanzar el éxito con demasiada rapidez. He visto suceder eso muchas veces con proyectos emprendedores que tenían planes establecidos para un crecimiento constante y una sostenibilidad a largo plazo, pero no tenían planes para dispararse como un cohete de la noche a la mañana. Si no puede enviar cientos de pasteles desde el sitio web de su panadería, entonces en realidad no importa lo buenos que sean sus pasteles. Si no puede manejar un orden de producción porque carece del personal suficiente para realizarlo, entonces esta oportunidad perdida puede tener un efecto dominó a medida que se difunda la noticia de que su operación solo puede manejar trabajos pequeños.

Recuerdo una situación en Dallas en la cual una organización sin fines de lucro de desarrollo comunitario lanzó una pequeña empresa de copistería dando empleo a muchos hombres y mujeres sin hogar, al igual que a otros que salieron recientemente de la cárcel en libertad provisional. Queriendo ayudar a sostener ese digno proyecto, me acerqué a la directora para proponerle imprimir material de promoción para un evento próximo. Los participantes en la conferencia recibirían bolsas de regalo que incluían plumas, cuadernos, tazas y gorras que irían impresas con nuestro logo.

La directora estaba emocionada y agradeció la propuesta, pero se hizo obvio rápidamente que su entusiasmo no podía compensar la falta de recursos organizativos necesarios para cumplir con nuestro encargo. Ellos no dejaban de cambiar la fecha de entrega, hasta que finalmente nos encontramos acorralados a medida que se acercaba la fecha límite para nuestro evento. Yo sabía que sería caro completar la orden en el último minuto utilizando otra empresa, pero también quería incluir los materiales planeados en las bolsas de regalo.

A pesar de las buenas intenciones y donativos importantes de muchas personas, esta empresa sin fines de lucro intentó abarcar demasiadas cosas y demasiado pronto sin tener los recursos establecidos para garantizar sus servicios. Quedé entristecido pero no sorprendido cuando al siguiente año se disolvió; y no pude evitar pensar en que si hubieran comenzado más lentamente con menos personas y órdenes más pequeñas, habrían crecido a un ritmo más regular y más sano. También tuve que preguntarme si alguien en la organización tenía experiencia en dirigir un negocio de copistería o si se escogió basándose en una necesidad de mercado percibida y en análisis estadísticos.

En el otro lado del espectro, pienso en una mujer a la que conozco y que era una modista muy diestra. Ella deseaba ser diseñadora de moda y tenía experiencia en trabajar en grandes almacenes de lujo en la planta de ropa femenina. Aunque sus diseños eran asombrosos y su elaboración impecable, las tendencias y el momento nunca la acompañaron para lanzar su propia marca, de modo que siguió confeccionando ropa para ella misma y un puñado de amigas y clientas que le pagaban. Entonces, un día, una clienta observó un prendedor único que ella llevaba puesto. Hecho con pedazos de viejas joyas de disfraces y relojes descatalogados, el adorno tan llamativo era distinto a ninguna otra cosa que la clienta hubiera visto nunca, y le pidió a la mujer que hiciera uno para ella.

Probablemente conozca el resto de la historia: esta mujer descubrió un nicho de mercado para una creación artística que tocó una fibra en los veleidosos seguidores de la moda. Después de hacer y vender un par de docenas de sus variadas creaciones, la mujer supo que si seguía ese ritmo, tendría problemas porque no tenía suministros preparados y listos para la venta. Se encontraba en una encrucijada porque, por un lado, solo como artista que era podía imaginar, diseñar y ejecutar ella misma esos adornos únicos.

Pero a nivel práctico, esta mujer vio una oportunidad para hacer crecer un negocio si estaba dispuesta a soltar su ego. Por lo tanto, reclutó a su hija adolescente, su sobrina y dos de sus amigas para pasar un fin de semana con ella aprendiendo a crear esos prendedores únicos. Las jóvenes no solo le agarraron la mano a formar esas obras de arte en miniatura, sino que también comenzaron a poner su sello único en el proceso. Comenzaron a hacer aretes a juego con algunos de los prendedores, lo cual después condujo a hacer collares, brazaletes y anillos.

Cuando la mujer cobró algunos favores de amigos en la industria de la moda, a cada uno de ellos le encantó su colección, y poco después ella tenía decenas de productos a la venta en boutiques exclusivas en Nueva York, Chicago y Los Ángeles. No perdió tiempo en dar empleo a las jóvenes, y también les pidió que reclutaran a nuevas trabajadoras con gustos y talentos parecidos a los suyos. Sabía que ella sería siempre el corazón creativo del negocio, pero necesitaría miembros adicionales del equipo para que su negocio se formara completamente.

Caer de su nido

Incluso cuando tiene las dos alas de inspiración e innovación trabajando juntas para aprovechar el viento que sopla por debajo de ellas, pronto descubrirá que se necesita práctica para volar. Si ha visto alguna vez a un polluelo romper el cascarón en el nido, sabrá que toma tiempo hasta que está listo para volar. Una vez tuvimos a una pareja de palomas torcazas anidando en un árbol fuera de la ventana de nuestro dormitorio, y era como ver el canal Discovery Channel en 3-D. Me asombraron muchos detalles de la relación familiar cuando supe que ese tipo de palomas se emparejan de por vida. Esta pareja tenía tres huevos que pronto se convirtieron en un trío de feas bolas de pelusa gris con picos siempre abiertos por el hambre.

En unos pocos días maduraron y comenzaron a parecerse más a aves y no tanto a hebras en la secadora. Entonces, una mañana noté que el polluelo más grande se posaba al borde del nido mientras sus hermanos observaban desde abajo. Supuse que sería cuestión de momentos el que se lanzara a volar, pero en realidad resultó ser otro día entero. Estiraba sus alas, iba a saltitos hasta una rama cercana, volvía a saltar hasta el borde del nido, y después repetía el proceso. Era como ver a un niño en el trampolín sobre una piscina, queriendo saltar pero con miedo e incertidumbre a la vez.

Al día siguiente observé que había volado hasta una rama varios pies más alta, mientras veía a su hermano y su hermana subir hasta el borde del nido para repetir el proceso que él acababa de completar. Uno de ellos enseguida hizo lo mismo y se situó a su lado en una rama superior. El tercero, sin embargo, no tenía prisa, y cuando pareció perder el equilibrio y caerse por el borde, aleteando como una hoja hasta el suelo, temí que quizá no sobreviviera. Pero entonces lo vi elevarse desde abajo, tomar impulso, y comenzar a batir sus alas con todas sus fuerzas.

Fue a la vez cómico y desgarrador mientras lo observaba intentar despegar del suelo y fracasar. Pero finalmente, tras muchos intentos, esa pequeña ave agarró la brisa y regresó volando al nido donde su familia estaba esperando. Momentos después, los cinco volaron del nido, dejando nada más que un nido vacío y ese canto apenado por el cual son conocidas estas aves.

Ese fue el último día que vi a las aves, ¡pero qué proceso tan cercano y fascinante había tenido el privilegio de observar! Y la mayor lección para mí fue sobre paciencia, perseverancia y práctica. Estoy seguro de que simplemente estaba proyectando y personificando esas palomas jóvenes mientras aprendían a hacer aquello para lo cual Dios las creó, pero fui tan inspirado por su viaje hacia el vuelo que regresé a un proyecto que había dejado en espera indefinidamente.

Era un proyecto de cine que nunca se había armado con el guión correcto, el director adecuado, o suficiente respaldo. Sin embargo, la historia me cautivó y sentí que tendría un gran atractivo para muchos adultos jóvenes y familias con hijos. Junto con varios otros colaboradores de producción, había intentado en repetidas ocasiones reclutar al equipo creativo correcto y también los recursos necesarios para asegurar un presupuesto adecuado para la posproducción y la distribución. Con la imagen de esa pequeña ave aún en mi mente, volví a abrir el archivo, repasé mis notas sobre el guión, e intenté pensar en otras maneras de producir la película.

Entonces, de repente, todo quedó claro. En lugar de un largometraje, ¿y si era el piloto para una serie más corta en uno de los muchos proveedores de entretenimiento en línea como Hulu, Netflix o Amazon? Eso me envió hacia una dirección totalmente diferente mientras pensé en cómo ampliar el reparto y extender la trama hacia varios arcos de historia más largos. Con esa nueva dirección en mente, entonces hice un par de llamadas telefónicas y descubrí que a otros les encantó mi idea y estuvieron de acuerdo en apoyarla.

Veremos si el programa piloto es elegido para una serie completa de episodios, pero incluso si eso no sucede, considero que este proyecto ha sido todo un éxito debido al modo en que comenzó de una forma y evolucionó hacia otra. Mis amigos que son artistas, actores y escritores me dicen que esto es bastante común, y de hecho es el secreto de la improvisación exitosa. A fin de mantener viva la improvisación, los artistas aprenden temprano el secreto de hacerlo exitosamente: soltar sus propias expectativas sobre cómo debería ser la actuación y decir sí a cualquier oportunidad que les presenten sus colaboradores. Uno de ellos me dijo: "Mantenerme involucrado y escuchar de verdad, en lugar de estar en mi cabeza y anticipar lo que debería decir a continuación, es la parte más difícil".

Sospecho que lo mismo es cierto de los emprendedores que intentan hacer despegar del suelo un nuevo proyecto. Debemos no solo estar sintonizados con nuestros propios recursos y habilidades, sino también con maneras en que podemos hacerlos una creación única nuestra, que sea sostenible para volar una larga distancia. No será fácil, e incluso después de elevarnos por encima del laberinto de labores que tiran de nosotros en todas direcciones, debemos mantenernos vigilantes y no permitir que la premura del éxito nos empuje demasiado cerca del sol.

Independientemente de cuáles sean sus circunstancias, le reto a elevarse por encima de ellas y de hecho utilizarlas para liberarse para llegar a la estratosfera, donde usted pertenece. Si se permite a usted mismo seguir posado al borde del nido de la vida, con miedo a probar sus alas, entonces se arriesga a perderse el llegar a ser la persona tal como Dios la creó. Hay muchas probabilidades de que sufra una caída libre y batalle para ponerse de pie antes de volver a estirar sus alas. Pero si está dispuesto a seguir intentándolo, pronto descubrirá el júbilo que surge de crear una empresa que pueda volar.

CAPÍTULO 5

El plan de vuelo

Su plano para el éxito

La buena fortuna es lo que sucede cuando la oportunidad se encuentra con la planificación.

—Thomas Edison

Mi familia y mis amigos a veces se burlan sobre el modo en que me gusta construir un sermón en torno a interpretaciones frescas de la Escritura utilizando metáforas sorprendentes o ejemplos inesperados. Ellos saben que me gustan los retos y que quiero que mi predicación, mi enseñanza y mi modo de hablar sean tan relevantes, participativos, potentes y transformadores como sea posible para mi audiencia. En otras palabras, ¡no quiero que la gente se quede dormida mientras yo estoy hablando!

Muchas personas me hacen elogios sobre mi contenido y mi estilo de comunicar, diciéndome que hago que parezca muy natural, incluso sin esfuerzo, el hablar delante de miles de personas. Comparto esto no para alardear de mi habilidad o para alabarme a mí mismo, porque Dios ciertamente es quien se lleva toda la gloria por inspirar mis mensajes y utilizarlos en las vidas de las personas. Sería erróneo, sin embargo, que usted supusiera que yo no me preparo, leo, investigo, oro y organizo mis pensamientos con antelación.

Mire, estoy convencido de que la preparación facilita la liberación. Mi mente es curiosa por naturaleza, de modo que me preparo leyendo, meditando, tomando notas, e investigando mucho más tiempo del que usted podría esperar. Nunca he estudiado en un seminario, pero he estudiado la Biblia desde que era un niño. Y a pesar de lo sentimentaloide que pueda sonar, realmente disfruto de ser un estudiante de la naturaleza humana y un buen observador del mundo que me rodea. Aprender me estimula y sirve como un catalizador para las oportunidades cuando tengo la bendición de compartir con otros lo que he aprendido.

Aunque la preparación es crucial para mí, también quiero tener la libertad de adaptar mi mensaje improvisadamente para la audiencia concreta que lo está escuchando y el contexto en que se está recibiendo. Sin querer sonar planeado o forzado, descubrí al principio de mi carrera pastoral que la clave para que fuera real y sonara natural es hacer todo el trabajo con antelación y anotarlo en papel. A fin de improvisar o ajustar al momento los puntos que quiero establecer, necesito tener una preparación y apoyo adecuados bajo la superficie de mi comunicación. Necesito tener en mente mi punto principal (mi destino, donde quiero llevar a mi audiencia) y cómo voy a lograr que lleguemos hasta allí: mi transporte, los ejemplos e ideas que sostienen mi punto principal.

Lo mismo es cierto para cualquier viaje, ya sea físico, espiritual, intelectual o emocional; y es absolutamente esencial para lanzar un negocio exitoso. Ya sea llegar del punto A al punto B en un sermón o en el desierto del Sahara ¡necesitamos tener un plan de vuelo!

Arriba en el aire

En raras ocasiones hay alguien que se monte en un avión solamente por la experiencia de volar. A pesar de lo asombrosas que sean las vistas o lo sabrosos que pudieran ser esos cacahuates y galletas, prácticamente nadie compra un billete de avión por tener esos beneficios. No; los pasajeros pagan dinero por un asiento en un avión para llegar a un destino concreto. Cuando yo me subo a un vuelo en el aeropuerto de Dallas, voy a algún lugar con un propósito específico: para grabar un programa en Los Ángeles, para dar una conferencia en Atlanta, para reunirme con nuevos colaboradores en Nueva York. Yo no vuelo solamente para contar las nubes durante dos o tres horas, ¡y usted tampoco!

De modo similar, usted está lanzando un nuevo proyecto para llegar a alguna parte, y su destino es lo que normalmente llamamos éxito. Por lo tanto, ¡no tenga temor a admitir que quiere tener éxito! Sin ninguna duda, no querrá dedicar a un proyecto todo su corazón, su alma, su sudor y sus lágrimas, sin mencionar su dinero, solo por la diversión de ver lo que sucederá. Su negocio es su niño, algo con lo que ha soñado y ha creado. Como un buen padre, usted quiere que ese niño que es su proyecto crezca y madure y se convierta en un negocio vibrante y sano.

La Escritura nos recuerda: "La esperanza frustrada aflige al corazón; el deseo cumplido es un árbol de vida" (Proverbios 13:12). Usted no querrá planear algo solamente para ver cómo se seca y muere antes de dar fruto. Quiere tener un arbolito fuerte que crezca y se convierta en su árbol robusto de vida. No querrá que su máquina voladora se eleve solamente por encima de las copas de los árboles, querrá alcanzar los 30 000 pies.

Obviamente, cualquiera que comienza un negocio quiere que ese negocio sea una fuente viable de capacitación y beneficios económicos; pero la rentabilidad no se logra solamente observando los balances. Es igualmente importante que uno de sus indicadores barométricos requiere que el consumidor haya tenido la mejor experiencia posible con el proceso y con la calidad del producto. Tanto el costo de mercadeo como la sostenibilidad se logran más fácilmente cuando las necesidades del cliente están muy alto en su lista de prioridades. Si se alcanza esa meta, el negocio en virtud de las experiencias de calidad ¡se venderá por sí solo!

Tenga en mente, sin embargo, que su destino no se trata solamente de dinero. El éxito no se define solamente por su margen de beneficios, aunque su rentabilidad probablemente determinará su sostenibilidad, la cual es también una parte esencial del éxito. La mayoría de las personas quieren crear un negocio que puedan vender obteniendo un beneficio considerable o que puedan dejar como legado para sus herederos. Usted querrá hacer una contribución a su propio futuro y también al futuro de generaciones más jóvenes que vienen detrás de usted.

Con el éxito como su destino, finalmente está preparado para trazar un plan de vuelo para los elementos básicos de su nuevo proyecto. Ya ha estudiado patrones meteorológicos y velocidades del viento, y ha aprendido sobre el ambiente donde vivirá su negocio. Ha identificado su problema a resolver, y conoce algo sobre a quién quiere dirigirse como potenciales clientes. Ahora necesita poner toda su perspectiva, investigación e información en un documento que pueda servir como su plan maestro.

Antes de construir un negocio viable en su vida, debe construirlo en su cabeza. Y debido a que muchas otras ideas y distracciones competirán por tener espacio en su cerebro, debe poner por escrito su plan de vuelo. Cuando comience por primera vez este proceso, será como pensar en voz alta sobre el papel o en la pantalla de su computadora, añadiendo, cambiando, borrando, revisando, refinando. Los planes de negocio no solo les dicen a otros, al igual que a usted mismo, que es con frecuencia más valioso de lo que cree cuando lo está creando, cómo se ve su avión y hacia dónde va; también dicen cómo va a llegar hasta allí.

Siempre me sorprende el número de emprendedores que quieren mis consejos o una inversión en su proyecto y que me miran con expresión extraña cuando les pido poder ver su plan de negocio. La mayoría de ellos me dicen que lo tienen todo en su cabeza, ¡lo cual yo puedo apreciar pero no puedo ver! Aunque sé que algunas veces suceden acontecimientos rápidamente y se comienza el negocio antes de lo planeado, o que para algunos pocos afortunados el negocio parece caerles en el regazo, aún así necesita establecer algún tipo de plan de negocio si quiere llegar a su destino: éxito, definido como rentabilidad y sostenibilidad a lo largo del tiempo.

Piense en el trabajo de un arquitecto. No comienza su nuevo edificio con materiales reales. Su tarea es entregar un diseño que disminuya los problemas sobre el papel. Esa persona estudia pesos, cuestiones de temperatura, funcionalidad y estética. El propósito del arquitecto es producir un diseño que haya considerado el peso, la presión, la fuerza, el ambiente, y otros factores prácticos que conducirían a una estructura exitosa. Si se planea bien sobre el papel, se puede construir bien con acero. ¡La tinta es más fácil de corregir que la soldadura!

Su plan de negocio es tan importante como el plano de un arquitecto. Su plan es a la vez esencial y valioso porque cualquiera que esté dispuesto seriamente a pensar en invertir sus recursos no es probable que lo haga si usted no ha invertido tiempo y energía en trazar un diseño que anticipe la inevitabilidad de los retos que hay por delante. Los inversores potenciales quieren ver el alcance hasta el cual usted ha imaginado el futuro mientras intenta llegar a su destino.

Tenga en mente que cada plan de negocio es único y debería reflejar su campo o industria particular, su pasión personal y ventajas profesionales, y las sensibilidades de sus constituyentes. Aunque existen numerosos esquemas para planes de negocio básicos, una sola talla no es adecuada para todos, de modo que úselos como una guía para desarrollar el suyo propio.

Su plan de negocio debe estar adaptado a su industria, campo y audiencia. Un plan para lanzar un salón de belleza en un barrio se verá diferente de un plan para comenzar un negocio de consultoría técnica o de un plan para vender en línea prendas hechas a mano. De modo parecido a como usted podría hacer ajustes a un currículum, esta adaptación debería ser todo lo concreta posible para su proyecto particular.

Existen todo tipo de planes de negocio, que varían en longitud desde una sola página hasta algunos que son más extensos que este libro. Están disponibles numerosos recursos, con modelos que hacen hincapié en distintos aspectos de su plan comparado con otros, y recomiendo algunos de mis favoritos en el Apéndice. Le animo a estudiar varios de ellos y a elegir el que sea mejor para su negocio. Ya sea que quiera solamente un esqueleto para su plan, una elaboración más completa, o algo intermedio, todos los planes de negocio deberían seguir siendo obras en proceso que pueden estudiarse y actualizarse con frecuencia.

Para comenzar, sugiero que responda las siguientes preguntas por escrito sin preocuparse sobre ortografía, gramática, o perfeccionar su prosa. Solamente escriba sus respuestas con una o dos frases, sabiendo que algunas puede que requieran más investigación o reflexión cuando las repase. Como puede ver, no hay nada mágico sobre estas preguntas; básicamente he utilizado el viejo truco del reportero de ver una historia desde todos los ángulos.

Es mi esperanza que al responder estas preguntas le proporcione el material en bruto para trazar su diseño para el éxito definitivo.

SU PLAN DE VUELO

¿QUÉ?

¿Qué está vendiendo? ¿Qué problema está solucionando?

¿Cuál es su misión y motivación?

¿Qué hace único su negocio?

¿Cuál es su destino? ¿Cómo se verá el éxito para su negocio?

¿QUIÉN?

¿Quién necesita lo que usted quiere ofrecer? ¿Quién es su cliente ideal?

¿Quién más podría utilizar su producto o servicio?

¿Quién estará en su equipo de apoyo? ¿Quiénes son los otros profesionales a los que necesita consultar o contratar por su experiencia? ¿Abogados? ¿Contadores? ¿Otros?

¿Quién podría querer invertir en su negocio?

¿POR QUÉ?

¿Por qué necesita la gente su producto o servicio?

¿Por qué deberían comprárselo a usted en lugar de comprarlo a uno de sus competidores?

¿Por qué regresarán a su negocio y le recomendarán a otros?

¿Por qué tendrá usted éxito donde otros negocios similares han fracasado?

¿CÓMO?

¿Cómo operará? ¿Cómo manejará la producción, distribución, entrega, etc.?

¿Cuánto dinero necesita para comenzar? ¿Cómo reunirá ese capital?

¿Cómo anunciará y promoverá su negocio?

¿Cómo manejará el flujo de efectivo?

¿DÓNDE?

¿Dónde está su espacio aéreo, la atmósfera ideal donde su negocio tendrá éxito?

¿Dónde estará ubicado físicamente su negocio?

¿Dónde se enterarán los clientes en potencia de lo que usted ofrece?

¿Dónde quiere que esté su negocio de aquí a tres años?

¿CUÁNDO?

¿Cuándo comenzará su negocio? ¿Qué temporada y fechas concretas tienen sentido?

¿Cuándo sabrá que su proyecto es un éxito? ¿Cuando dé servicio a cierto número de clientes? ¿Cuando tenga cierto porcentaje de beneficio? ¿Cuando las ventas lleguen a cierta cifra o rango?

¿Cuándo necesitará reevaluar su negocio? ¿Contratar más empleados? ¿Mudarse a una ubicación mayor?

¿Cuándo pensará en vender su negocio?

Otro modo de llegar ahí

Quizá no le gusten todas esas preguntas, ni tampoco le guste en particular escribir respuestas largas y detalladas. Si es así, le sugiero que encuentre otro modo de crear su plan de negocio, quizá visualmente con gráficas, esquemas y dibujos. Quizá puede crearlo como una presentación en diapositivas que puede presentar a posibles clientes e inversores, algo que pueda utilizar o usar como base para su nuevo sitio web. Si es usted artista, podría crear su propio diagrama de flujo poco convencional, una caricatura o un cuadro que ilustre de manera concreta las grandes ideas para su negocio. Dependiendo de cuáles sean sus variables únicas, podría considerar un criterio que pueda subir a YouTube o grabar un podcast, tal vez con la ayuda de alguien que usted conozca y que ya tiene un seguimiento. Aunque estas expresiones creativas pueden resultarle más como un asunto de mercadeo y promoción, si se hacen bien pueden proporcionar toda la información concreta que uno encuentra, por lo general, en un plan de negocio formal y escrito. Personalmente, recomiendo que haga lo que mejor funcione para usted, y después asegúrese de tener algo por escrito que pueda poner en línea, enviar como texto, como correo electrónico, o entregar a mano a clientes e inversores.

Si escoge una de esas expresiones más creativas para su plan de negocio, a continuación están las principales categorías que debería pensar en abordar: una vista general de su misión (con frecuencia denominado resumen ejecutivo); una descripción de condiciones atmosféricas en el espacio aéreo donde usted espera volar, el estado del negocio actual en su sector escogido; análisis de mercado y estrategias competitivas; logística operativa; finanzas; y su destino, el modo en que sabrá que ha alcanzado ciertas metas o métricas. Consideremos brevemente cada uno de estos ingredientes.

Vista general de su misión

También conocido más formalmente como resumen ejecutivo, establece el tono para su negocio y para el resto de su plan de negocio. Esta información proporciona la primera impresión que reciben los lectores acerca de usted y de su negocio. Por lo general, es un párrafo o dos que aborda las preguntas sobre "¿QUÉ?" directamente a la vez que también toca el "¿QUIÉN?" y el "¿POR QUÉ?".

Indica la forma de operación legal concreta que usted ha escogido: propietario único, sociedad, corporación, o empresa de responsabilidad limitada (LLC, por sus siglas en inglés). Si no está familiarizado con estos términos, por favor refiérase al Apéndice para una breve definición de cada uno.

Esta vista general de su misión debería ser directa y muy enfocada. Este no es el lugar para el lenguaje creativo del mercadeo y el lenguaje excesivo de las ventas. Usted quiere que le tomen en serio, y tiene su negocio claramente identificado y descrito con precisión, destacando su distinción única dentro del mercado competitivo donde volará. De nuevo, le aliento a que haga un poco de investigación y lea detenidamente varios planes de negocio y sus resúmenes ejecutivos para ver qué cree que funcionará mejor para su proyecto.

Condiciones atmosféricas

Como un buen meteorológico, debería ser capaz de dar una descripción concisa de las condiciones actuales en el sector de su negocio escogido. Esta sección aborda las preguntas sobre "¿DÓNDE?" a la vez que toca sus respuestas para el "¿QUIÉN?" y el "¿CUÁNDO?". Si puede situar estas condiciones actuales dentro de un contexto específico, entonces mucho mejor. Dependiendo de cuál sea su campo, puede que quiera destacar ciertos patrones o los tipos de "frentes tormentosos" que tienden a moverse por su espacio aéreo. Proporcionar esta vista general debería mostrar por qué el presente es un buen momento para lanzar su negocio. O si no, entonces necesitará abordar cómo volará contra el viento en el despegue.

Desde esta evaluación general de condiciones del negocio, debería entonces estrechar el enfoque hacia una descripción más específica y una explicación de dónde intentará volar su negocio. ¿Cuál es el ambiente económico en el vecindario donde estará situada su tienda de ropa? ¿Cuál es la edad promedio de los residentes a los que espera alcanzar en un radio de diez kilómetros alrededor de su restaurante? ¿Cuándo es la fecha ideal para lanzar su servicio de catering para festividades u ocasiones especiales? Responder este tipo de preguntas muestra que usted es muy consciente de las condiciones meteorológicas donde está a punto de volar.

Análisis de mercado y estrategias competitivas

Esta sección se enfoca en los hábitos y las historias de sus clientes y sus competidores. Aborda muchas de las preguntas sobre el "¿CÓMO?" y algunas sobre el "¿POR QUÉ?". Aquí, usted hace un resumen de lo que ha revelado su investigación acerca del mercado en el que quiere penetrar con su producto o servicio. ¿Cuál es el tamaño de este mercado? ¿Su índice de crecimiento? ¿Cómo está organizado o estructurado? ¿Cuáles son sus características únicas, incluso idiosincrasias? ¿Cuáles son las últimas tendencias en este mercado? ¿Con cuánta frecuencia han tendido a cambiar esas tendencias? ¿Cómo abordará su negocio este mercado a la luz de todas esas variables?

Y quizá más importante, ¿cómo podrá competir su negocio en este mercado y quiénes son los principales jugadores a los que se enfrenta? ¿Quién es el Goliat que tiene delante? ¿Cuáles son las fortalezas y debilidades de sus competidores? ¿Por qué su negocio va a ser capaz de competir con esos oponentes? Aunque es tentador pensar que su producto, servicio o negocio es el primero de su tipo, la mayoría de las entidades tienen ciertos competidores, si no es con un producto o servicio similar, entonces por parte de algo o alguien que atrae la atención de los clientes potenciales y la aparta de usted.

Logística operativa

Esta sección llega al meollo de las preguntas sobre el "¿CÓMO?". Proporciona un calendario secuencial para diseño, producción, entrega, distribución y puntos de venta de su producto o servicio. Además, intente describir el modo en que imagina que su negocio discurrirá diariamente. ¿Contratará empleados? ¿Cuántos? ¿Cuáles serán sus roles y responsabilidades en términos del proceso operativo? Perdóneme por sonar como uno de esos tocadiscos de vinilo que se atascan en el mismo lugar, pero sea tan concreto como pueda a la hora de pensar en la vida de su producto o servicio desde la idea, el nacimiento y la maduración.

Finanzas

Probablemente responderá el resto de las preguntas sobre el "¿CÓMO?" que no se han cubierto al abordar las finanzas para su negocio. Aunque puede que esta sea una zona nueva o turbia para usted, no puedo exagerar demasiado su importancia. Para aprender sobre los componentes financieros que requiere su negocio puede que necesite consultar a otros profesionales, como contadores, abogados, prestamistas, inversores, consultores, y otros profesionales establecidos en su sector.

Considere los requisitos de su nuevo negocio y de dónde, y de quién, llegará este capital. Querrá tener un borrador de un estado de resultados y proyectar cómo establecerá rentabilidad su negocio. El flujo de efectivo es uno de los mayores problemas para los negocios nuevos, de modo que sin duda querrá emplear algún tiempo considerando cómo financiará las operaciones si los beneficios proyectados no se alcanzan a tiempo. Muchos negocios tienen ciclos temporales que siguen, periodos que son más rentables por diversas razones, al igual que periodos en que la operación y los costos de producción son más elevados o más bajos. Identificar esos ciclos con antelación le ahorrará incontables dolores de cabeza, ¡por no mencionar todo tipo de noches sin dormir!

Su destino

Finalmente, querrá identificar algunas maneras concretas en que sabrá cuándo su negocio ha llegado a su destino de un vuelo exitoso y sostenible. Muchos dueños de negocios basan esto no solo en los márgenes de beneficio sino también en el crecimiento de su base de clientes, en la expansión de conciencia pública, y en permanecer durante un periodo de tiempo en particular, como cinco o diez años. Establecer estas metas antes de estar en el aire no solo le ayudará a saber hacia dónde va, sino que también le ayudará a la hora de tomar decisiones acerca de crecimiento, expansión del producto, mercadeo, y otras cosas.

Conocer su destino es también útil para identificar cuándo necesita hacer cambios en el negocio. Porque incluso si es capaz de permanecer en el aire, puede que su avión esté perdiendo velocidad, ¡o incluso algunas de sus partes! Si ha anticipado cómo madurará su negocio y lo que necesitará para crecer a un ritmo saludable, puede evitar el estrés que con frecuencia envía a los emprendedores a una caída en picado hacia tierra. Es curioso que el éxito inesperado de un negocio joven puede ser tan agotador y estresante, y quizá más, que la falta de ventas proyectadas. En cualquiera de los casos, un buen plan de negocio le ayudará a saber lo que necesita antes de necesitarlo, reduciendo así sus niveles de estrés a lo largo del camino.

El peso de su éxito

Yo aprendí esta lección sobre anticipar el estrés por el camino difícil, pero con el tiempo he reconocido lo que funciona para mí. De hecho, recientemente hablé en una conferencia de negocios patrocinada por la revista SUCCESS sobre un evento de mi juventud que se ha convertido en un trágico símbolo de estrés que se deja correr a sus anchas.

Cuando era un niño, viviendo en Charleston, West Virginia, había un puente a unas sesenta millas al noroeste por la autopista 35 conocido como el Puente Plateado. Había sido construido en la década de 1920 y abarcaba el río Ohio, facilitando el viaje entre el estado de Mountain y el de Buckeye. Si queríamos visitar a familiares en esa zona, teníamos que pasar por el puente, que de niño me parecía enorme. El 15 de diciembre de 1967 (tendría diez años), el puente se derrumbó en la hora pico. En menos de un minuto, más de treinta vehículos cayeron a las aguas frías del río, y murieron cuarenta y seis de las sesenta y cuatro personas que cayeron (Jim Henry, "Pike's Past", www.newswatchman.com/blogs/pikes_past/ article_2bf5283b-c086-53e7-bb85-6a824e824d82.html). Después de ser recuperados los cuerpos de las víctimas, ingenieros del gobierno estudiaron las ruinas de la estructura que había proporcionado un pasaje seguro durante casi cuarenta años. Descubrieron que a pesar de lo sólido que parecía ser el puente, durante algún tiempo había soportado más peso del que estaba construido para soportar. Parece que esa presión condujo a una fractura por estrés, que junto con la corrosión oculta causó el derrumbe del puente. Finalmente, ya no pudo soportar los miles de kilos de goma y de hierro que atravesaban sus carriles suspendidos en el aire.

La tragedia nos asombró a todos y obtuvo la atención nacional, incluyendo la seguridad por parte del Presidente Johnson, de que el puente sería reconstruido con apoyo federal. Obviamente, este evento causó una impresión duradera en mí, tanto por la terrible pérdida de vidas que causó como también por la razón que hubo tras el derrumbe del puente. Recuerdo oír a algunas personas hablando sobre que el puente se había construido en una época cuando los automóviles eran relativamente nuevos y bastante más ligeros comparados con los vehículos y camiones más grandes y más pesados de nuestra época. Por lo tanto, el puente estaba soportando más peso del que podía soportar sin tener una estructura adicional de apoyo. Pero nadie se dio cuenta de eso hasta que, tristemente, fue demasiado tarde y se perdieron decenas de vidas.

En años recientes, con frecuencia pienso en el Puente Plateado siempre que comienzo a sentirme estresado en mi propia vida. Cuando mi calendario se vuelve una locura y comienzan a sobreponerse varias responsabilidades, por naturaleza mi nivel de estrés tiende a aumentar. Durante esos tiempos, mi esposa normalmente me dice que tome unas vacaciones para relajarme y recuperarme. Este remedio funciona para ella, y por eso supone que funciona también para mí.

He descubierto, sin embargo, que cuando tomo unas vacaciones únicamente para desestresar, por lo general me siento incluso más estresado cuando regreso. Durante gran parte del tiempo que estoy fuera, mis pensamientos no solo están preocupados con problemas, sino que la fuente de mi estrés sigue estando ahí esperándome a mi regreso. No he resuelto el problema; ¡solamente lo he demorado!

Finalmente, aprendí un modo distinto de aliviar mi estrés. Mi momento de revelación llegó cuando entendí que estar estresado no se trata solamente de agotamiento y de niveles de energía agotados. La verdadera fuente del estrés es el mayor peso añadido por nuevos roles y responsabilidades, al igual que conflictos y complicaciones inesperadas. *El estrés se trata de carecer del apoyo estructural para el peso que uno soporta.* Se trata de transportar durante demasiado tiempo demasiado bagaje adicional y no planeado.

En cuanto comprendí eso, comencé a añadir más fuerza organizativa a las áreas que soportan cargas en mi vida. Comencé a repasar mis planes de negocio y a volver a pensar en lo que necesitaba para sostener el vuelo de mis diversos proyectos. Me resultó mejor contratar a la persona adecuada a quien pueda delegar la fuente de mi estrés que cualquier viaje a la playa.

Su plan de negocio es el fundamento para evitar el estrés en su vida. Le proporciona un timón que puede usted ajustar a los vientos más duros al igual que una brújula para ayudarle a dirigir su avión hacia el espacio aéreo más tranquilo. Su plan necesitará actualizaciones frecuentes, ajustes y revisiones a medida que mantiene flexibilidad y se adapta a las condiciones medioambientales cambiantes. Si el Puente Plateado hubiera sido modernizado con vigas de apoyo adicionales, quizá no se habría derrumbado bajo el mayor peso de la carga.

Aunque es demasiado tarde para cambiar el trágico destino del Puente Plateado, usted puede prevenir que su negocio se derrumbe más adelante. Puede diseñar su plan de negocio para acomodar cambios en la cantidad de peso que debe soportar. Puede asegurarse de que la conexión entre producto y cliente se mantenga lo suficientemente fuerte para soportar un mayor tráfico.

Con un potente plan de negocio, puede usted construir un puente para soportar el peso de su éxito.

Utilice lo que tiene

Al ensamblar su plan de vuelo, el idealista que está en usted puede verse tentado a seguir reteniéndose esperando condiciones óptimas y la pista perfecta para dar a su nuevo proyecto la mejor oportunidad de tener éxito. Aunque le aliento a hacer todo lo posible para prepararse para el éxito, también le advertiría que no permita que su idealismo le proporcione excusas que demoren su comienzo. Aunque sin duda alguna querrá asegurarse de que haya viento detrás de sus alas y clientes a los cuales vender sus productos, nunca tendrá condiciones perfectas que puedan garantizar su éxito con toda seguridad. Las condiciones del mercado siempre tendrán cierta volatilidad. La competitividad siempre amenazará su éxito; sin embargo, ¡tiene que utilizar lo que tiene y aprovecharlo al máximo!

Tenga en mente que el primer aeroplano se construyó en mucho menos que las condiciones ambientales ideales, no en un hangar gigantesco o en un garaje grandísimo. Los primeros prototipos de los hermanos Wright para su máquina voladora fueron construidos en su tienda de bicicletas en Dayton, Ohio. Obviamente, ¡Wilbur y Orville sabían que no estaban intentando construir una bicicleta! Pero también sabían que el ambiente ideal para lo que estaban construyendo no existía todavía. Ellos estaban abriendo un camino y rompiendo nuevo terreno, de modo que no había ningún laboratorio perfecto para su construcción. Trabajar en su propia tienda de bicicletas, sin embargo, les proporcionó los ingredientes en bruto más necesarios: herramientas y neumáticos, madera y metal, tuercas y tornillos.

De manera similar, usted no tiene que tener todo lo que le gustaría tener idealmente para comenzar. En cambio, use lo que tiene para conseguir lo que no tiene. Las pequeñas empresas en raras ocasiones comienzan perfectamente, y con frecuencia se parecen al comienzo de un matrimonio: haciendo ajustes y acomodaciones para la nueva dinámica de estar juntos como pareja. Al principio, el primer modelo de avión de los hermanos Wright no tenía potencia suficiente y era difícil de dirigir. Andaba a trompicones y chisporroteaba, daba saltos y tenía reventones, pero no se elevó en el aire.

Ellos avanzaron aprendiendo siempre de cada intento. Incluso cuando pareciera que daban dos pasos hacia atrás por cada uno que daban hacia adelante, Orville y Wilbur tomaban muchas notas y después dialogaban, discutían, y pensaban en nuevas ideas para realizar su siguiente ajuste (David McCullough, *The Wright Brothers*, Simon & Schuster, 2015). Suponían que no lograrían ajustar bien las alas la primera vez ni tampoco tendrían el ángulo preciso de ascenso para despegar y aterrizar. Sabían que todo ello era parte del proceso. Cualquier frustración, impaciencia, enojo y decepción que experimentaron a medida que pasaron los años sin que su modelo despegara, quedó mitigado por el impulso de avanzar hacia ese momento en el que quedaron suspendidos por encima de la tierra.

Esperar cierta disfunción a lo largo de su proceso también le ayuda a modificar sus expectativas. Un plan de negocio fuerte anticipa y aborda tales obstáculos potenciales y sus resoluciones. El primer avión no planeó como un águila, ni tampoco fue tan silencioso como una golondrina. Aunque el movimiento de las aves lo inspiró, los primeros intentos no funcionaron con la gracia y la facilidad de un halcón; fue más parecido a los movimientos y convulsiones de intentar hacer despegar del suelo una enorme cometa.

Una de las cosas más importantes que debe saber un emprendedor es que su negocio puede que no transite por la pista y se eleve al aire según el modo en que quedó descrito en el plan de negocio. Las pequeñas empresas con frecuencia tienen que elevarse hasta el aire a trompicones. Puede que tenga que vender pasteles en línea a clientes virtuales antes de descubrir que el nicho de mercado de oportunidad para usted es en realidad abrir una panadería de cemento y ladrillo en su propio vecindario.

Errores, fallas y decepciones son ingredientes necesarios, de modo que no se presione para obtener la perfección ni se critique a usted mismo por no saberlo todo antes del momento en que comete un error. Lo que va mal en el negocio es lo que le proporciona la experiencia que necesita para saber lo que va bien. Solucionar la disfunción es un factor importante que debe incluir en el plan. No intente evitarlo porque no puede hacerlo; y mejor aún, no querrá evitarlo. *Querrá aprender de ello.*

Aterrizajes suaves

Mientras escribo estas palabras, un par de aerolíneas importantes están sufriendo críticas públicas por un puñado de situaciones sacadas a la luz por pasajeros que las publicaron en sus redes sociales. También ellos intentan aprender de sus errores. En cada ocasión, la primera respuesta de las aerolíneas ha sido defender el manejo que hicieron los miembros de su tripulación de esas situaciones recordándonos las políticas que tienen.

En nuestro mundo posterior al 11 de septiembre, donde el potencial para devastadores actos de terrorismo parece acechar en cada esquina, las aerolíneas han implementado estrictas pautas y políticas para asegurar la seguridad de los pasajeros y los miembros de las tripulaciones. Aunque tales medidas son justificables y comprensibles, también se superponen y a veces infringen los derechos y las expectativas de los clientes que pagan sus billetes. Como resultado, muchas de las reglas y regulaciones tan estrictas están siendo reexaminadas para evitar que haya más debacles en las relaciones con el cliente a la vez que se asegura la seguridad para todos los implicados.

Estos incidentes nos recuerdan que es esencial tener un plan que anticipe problemas; de otro modo, cada situación terminaría siendo tratada de modo subjetivo, incoherente e incluso arbitrario. Pero estos incidentes también hacen hincapié en la necesidad de escuchar al cliente e incorporar sus comentarios, y después actualizar nuestros planes. Durante varias décadas escuchamos la frase "el cliente siempre tiene razón" como un mantra para asegurar el éxito de un negocio. Aunque esa afirmación sigue teniendo su mérito, queremos tener cuidado, porque las demandas del cliente pueden asfixiarnos si intentamos atender cada capricho, crítica y petición que haga un cliente. La clave es escuchar pero no necesariamente actuar. Recuerde: ¡la mayoría de los pasajeros no son pilotos! No saben cómo pilotar su avión, porque solamente usted puede decidir qué cambios hacer y cómo y cuándo hacerlos. Los planes de negocio, como los planes de vuelo, deben mantenerse flexibles para que su negocio pueda adaptarse a situaciones inesperadas en tiempo real. Sin ellos, se arriesga a volar todo el tiempo según sus propios sentidos, literalmente; una perspectiva agotadora, cuando menos. En otras palabras, muestre su comprensión una vez más cuando subrayo la importancia vital de crear un plan por escrito para su negocio. Considérelo una obra en progreso continuada al igual que una base de comparación entre la realidad de su negocio y la visión que lanzó para su éxito.

Finalmente, debo confesarle que no siempre he trazado un plan de negocio por escrito para cada proyecto o tarea emprendedora que he lanzado en mi vida. ¡Y ha habido veces en que la experiencia de no tenerlo ha sido aleccionadora! Pero ya sea que lo tenga en mi cabeza o en un documento de ochenta páginas, siempre he intentado trabajar teniendo en mente el final, para así poder retroceder y ver qué pasos hay que tomar.

Como los líderes a los que admiro e intento imitar, trato de mirar hacia adelante y no solo a lo que probablemente sucederá después, sino también qué otras posibilidades y contingencias podrían aparecer a lo largo del camino. Tal preparación, como el trabajo preliminar antes de dar una conferencia o predicar, con frecuencia no se ve o no se usa, ¡pero me da la libertad de asegurar un aterrizaje suave! *La preparación facilita la liberación.*

Aunque creo que la preparación nunca queda desperdiciada, es mi oración que parte de la información que comparto en este capítulo proporcione combustible de alto octanaje para su motor. Utilice su plan de negocio, amigo mío, para asegurarse no solo de despegar y volar hasta nuevas alturas, sino también para saber cómo y cuándo aterrizar y volver a despegar. Un buen plan de negocio es indispensable, y aumenta velozmente las probabilidades de su éxito. Si no quiere ver otra cosa sino cielo azul, ¡entonces asegúrese de que su plan de vuelo esté en negro sobre blanco!

CAPÍTULO 6

Alas invisibles

Volar en las alas del comercio electrónico

Vemos a nuestros clientes como participantes invitados a una fiesta, y nosotros somos los anfitriones.

—Jeff Bezos, fundador de Amazon

Anadie le gusta más la Navidad que a mi esposa, Serita. Es una de las personas más generosas y amorosas que podrá conocer jamás. Ella se goza en hacer que la temporada de vacaciones sea santa y feliz para su familia, amigos y congregación. Desde decoraciones con hojas frescas, acebo y velas, hasta deliciosos dulces y tentadores aromas a canela y menta que provienen de su cocina, le encanta atender a los detalles que definen nuestra celebración.

Y mi esposa, sin duda alguna, habla el lenguaje del amor a la hora de hacer regalos, mientras se alegra en sorprenderme, junto con nuestros hijos y nietos, con regalos personales bien pensados que dan en la diana casi todas las veces. Podría ser un cinturón de piel de lagarto para mí, unas botas de ante gris para nuestras hijas, o el último aparato electrónico para los nietos. Independientemente de quién vaya a recibir el regalo, sus cajas hermosamente envueltas con papel de regalo y coloridos lazos contienen precisamente lo que queríamos, ¡incluso si no sabíamos que lo queríamos!

Pero una excepción en la alegre temporada transformaba normalmente a mi Santa Claus en una gruñona Grinch: *las compras de Navidad*. Esas palabras llenaban mi corazón de terror, pues sabía que dejarían a mi esposa estresada y agotada. Aunque le encanta la gente y crear eventos mágicos, mi hermosa esposa es una persona introvertida que necesita tiempo en calma para recargar baterías. En medio de la locura de la temporada y de un calendario desbordante, ella iba apresuradamente del centro comercial a la juguetería, de la tienda de electrónica a la boutique de moda.

Incluso cuando los niños o yo ayudábamos, las compras de la temporada seguían siendo una actividad abrumadora. Por mucho que le guste a Serita hacer los regalos perfectos, solía aborrecer las tiendas llenas de gente, las largas filas en la caja, y las búsquedas del tesoro de ese artículo que pronto se agotará y que está en la lista de alguien. Eso la dejaba agotada y frustrada, y con frecuencia proyectaba una sombra en sus festividades, de otro modo llenas de luz.

Entonces todo cambió.

Esta pasada Navidad, por ejemplo, recuerdo a principios de diciembre sentarme al lado de mi esposa en casa para ver una película. Observando que ella no dejaba de teclear en su teléfono, le pregunté si estaba enviando un mensaje de texto a alguien o jugando un juego. Ella levantó la mirada, me sonrió y dijo: "Ah, no, ¡acabo de terminar de hacer mis compras de Navidad!".

Incluir la *E* implica facilidad

Como millones de otras personas, en particular durante la temporada de festividades, mi esposa ha descubierto la total comodidad de comprar en línea. Ninguna fila donde esperar, no hay multitudes, nada del ajetreo de ir de una tienda a otra. Solamente algunos movimientos en una página en particular seguidos por algunos clics para enviar una orden. Y unos días después, hay un paquete en la puerta. ¡El comercio electrónico incluye la *e* para hacerlo fácil!

El comercio electrónico puede ser particularmente atractivo para aquellos que quieren subvencionar sus ingresos existentes o para individuos que necesitan estar en casa con padres enfermos o calentando biberones para un recién nacido. A muchos padres que tienen hijos con necesidades especiales, el comercio electrónico les da una oportunidad para la creatividad y el beneficio a la vez que los ponen a disposición de sus seres queridos.

Se perderá usted muchas cosas si está intentando decidir si abrir un negocio de cemento y ladrillo o incorporarse al comercio electrónico. No siempre es una proposición en la que hay que escoger. Muchas personas que dirigen un negocio no tienen tiempo para crear una tienda satélite más allá de su ubicación física; por lo tanto, ofrecer en línea sus bienes y servicios puede ser una manera estupenda de hacer ambas cosas.

Los beneficios son muchos. Puede introducir un link en las redes sociales de su escaparate en línea o página web y permanecer abierto todo el tiempo para personas en todo el mundo. No hay ninguna otra manera de estar abierto las veinticuatro horas en todo el mundo y dar servicio a los clientes con productos, seminarios o ejercicios de entrenamiento, ¡mientras usted sigue en su casa con su pijama bebiendo un chocolate caliente! El costo mínimo es también una fuerte característica en cuanto a igualar la cancha de juego e incorporar un modelo de negocio mucho más alcanzable, sin necesidad de espacio para oficinas, rentas, seguro, ¡e impuestos por nóminas!

No es extraño que el comercio electrónico (la venta, compra y transacciones de negocio en línea) se haya convertido en el segmento de mayor crecimiento de nuestra economía en años recientes. De hecho, se calculó que las ventas totales del comercio electrónico llegaron casi a los cuatrocientos mil millones de dólares en 2016, que fue un aumento de más del 15% con respecto al año anterior. Las ventas minoristas generales crecieron aproximadamente en un 3%, con las ventas por correo electrónico alcanzando casi el 8% (www.census.gov/retail/mrts/www/data/pdf/ec_current .pdf, consultado en línea el 1 de mayo de 2017).

Y en caso de que no se considere usted una persona de números, por favor permítame traducirlo: el comercio electrónico ofrece *inmensas* oportunidades para los emprendedores, ¡y hay mucho espacio para crecer! Para empezar, solamente considere cuántas cosas han cambiado en su tiempo de vida. ¿Es usted lo bastante mayor para recordar incluso una época en que no compraba en línea? ¿O es usted como yo y puede recordar el marcado contraste entre la vieja manera de hacer las cosas y las nuevas maneras?

Siempre he sido un "adaptador temprano" a la tecnología, pero algunos cambios y avances culturales son más fáciles de asimilar que otros. Por ejemplo, considere las maneras en que la Internet ha cambiado no solo las ventas minoristas sino también la comunicación, el entretenimiento, los deportes, ¡e incluso la iglesia! Nosotros aprendimos muy rápidamente que muchos televidentes se conectaban con The Potter's House vía su computadora, y trabajamos para hacer que nuestros recursos (sermones, eventos, mensajes, libros, música, y apoyo en oración) estuvieran a su disposición en esta nueva dimensión.

No teníamos que invertir en nuestro sitio web y la tecnología requerida para facilitar la construcción de una comunidad en línea. Podríamos haber seguido siendo una iglesia de ladrillo y cemento enfocada solamente en las necesidades de la congregación que participaba aquí en Dallas. Pero si hubiéramos agachado nuestras cabezas y nos hubiéramos centrado tan solo en el piso de nuestro santuario, entonces nos habríamos perdido las increíbles oportunidades que tenemos de servir, bendecir, enseñar e inspirar a millones de personas en todo el mundo. Al haber viajado frecuentemente por todo el planeta para dar conferencias y ministrar, yo sabía que muchas personas deseaban aprender más sobre Dios y conectar con otras almas similares.

A veces, sin embargo, las nuevas oportunidades producen cambios de dirección inesperados. Por ejemplo, nuestra iglesia está ahora en mitad de un programa de construcción de 25 millones de dólares para ampliar nuestras instalaciones y servir a familias jóvenes. Nos dimos cuenta de la necesidad no solo por el número de familias jóvenes que participan activamente en nuestros servicios, sino también por los comentarios y la conexión que miles de personas proporcionan mediante las redes sociales. Como resultado, ¡entendimos la necesidad de ajustar la amplitud de nuestras alas en mitad del vuelo!

Mire, cuando yo era pequeño no había cosas como "iglesia para niños" o "programas para jóvenes". Nuestra iglesia era pequeña e intergeneracional. Los niños estaban sentados en el servicio principal junto a sus hermanos, padres y abuelos. Puede que se diera una atención especial a los niños en Navidad y Semana Santa, pero principalmente nosotros los niños sabíamos que teníamos que prestar atención, o al menos mantenernos quietos, para evitar la mirada de enojo de nuestra madre desde el coro o la paliza que nos daría nuestro padre después.

Ahora, sin embargo, los padres quieren y necesitan tiempo para adorar, aprender y crecer como adultos, sin la distracción de tener al lado voces infantiles y pies inquietos. Los padres y madres solteros necesitan especialmente ayuda y tiempo para ser espiritualmente alimentados y nutridos. Los padres actuales también quieren que sus hijos disfruten de tiempo con otros niños a la vez que aprenden sobre Dios y la Biblia mediante actividades divertidas, juegos, música y enseñanza adecuados a su edad. Con el número de niños que tenemos la bendición de recibir en nuestra iglesia, este tipo de enfoque requiere instalaciones y recursos dedicados, incluyendo la última tecnología audiovisual y capacidades computarizadas.

Nunca imaginé estar en esta etapa de mi ministerio, habiendo servido, predicado y liderado durante más de cuatro décadas, y emprendiendo una construcción para una ampliación. Pero entendí rápidamente que si no nos movíamos con la corriente cultural, producida por la tecnología y también las necesidades de las familias actuales, podríamos volvernos irrelevantes y servir mal a nuestra comunidad. Perderíamos la oportunidad de influenciar para bien a la siguiente generación. Era un riesgo que yo no estaba dispuesto a correr.

Usted tampoco debería estar dispuesto a arriesgarse a ignorar el impacto que el comercio electrónico ha tenido en el panorama global. Yo considero el comercio electrónico una parte crucial de cualquier plan de negocio de un nuevo emprendedor, ¡que debe ser abordado, evaluado y expresado! Si quiere comenzar su negocio en línea o utilizar órdenes en la Internet para suplementar las ventas minoristas en su lugar de negocio (con frecuencia denominado "tangibles y virtuales"), no puede permitirse ignorar el comercio electrónico, ni tampoco debería pasar por alto su capacidad para aprovechar y sostener un mercado global.

Usarlo o perderlo

Aunque el comercio electrónico ha cambiado para siempre el modo en que hacemos negocios, con frecuencia me sigue sorprendiendo cuántos emprendedores que se han mantenido alejados de poner su negocio en línea se acercan a mí, y parece que la mayoría de ellos tienden a situarse en extremos radicales del espectro. Los que pertenecen a la generación de los *baby boomers* con frecuencia se mantienen en negación sobre el modo en que la Internet ha redefinido de modo dramático los negocios tal como los hemos conocido hasta ahora. Puede que tengan temor a la tecnología y se consideren incapaces de aprender cómo relacionarse y beneficiarse de sus vastos recursos. Como alguien que con frecuencia necesita ayuda con descargas, subidas y todo lo que hay entre medias, ¡permítame asegurarle que no está usted solo!

Sin embargo, no debe permitir que su falta de experiencia o pericia frustre su aprendizaje electrónico. Le animo a ser abierto y sincero con respecto a su renuencia, incluso mientras supera sus vacilaciones y aprende un nuevo lenguaje y un nuevo paradigma sobre cómo hacer negocios. Hay numerosos recursos disponibles, muchos de ellos gratuitos, y probablemente se beneficiará de la exposición a una variedad de maestros por medio de libros, artículos, videos, demos en línea, y buenas y anticuadas sesiones personales de tutoría.

No se sorprenda al descubrir que sus mejores maestros puede que sean sus nietos, sobrinos, sobrinas, o niños de primaria de su barrio. Puede que tengan menos de la mitad de su edad, pero la mayoría de ellos por lo general están dispuestos a compartir su experiencia hasta el último nanosegundo, y agradecen que se les pregunte. Tráguese su orgullo si tiene que hacerlo, pero no posponga tener fluidez en el aprendizaje con las opciones que existen en línea. Como dicen los niños: "¡usarlo o perderlo!".

En el otro extremo del espectro, con frecuencia encuentro a mileniales y emprendedores más jóvenes que dan por sentado el comercio electrónico y reaccionan contra ello. La mayoría se crió con la Internet, el correo electrónico, mensajes de texto y las redes sociales como parte de sus vidas diarias. Como resultado, puede que deseen un contacto más auténtico del que permiten esas ventas en línea. "El comercio electrónico solía ser una persona que le vende algo a otra", me dijo uno de ellos, "pero ahora todo se trata de Amazon y otros gigantes en línea. Es muy impersonal; y además, no puedo competir con ellos". En esta respuesta negativa a la tecnología y el comercio electrónico, muchos de estos emprendedores están abriendo negocios locales que se especializan en la atención personal, experiencias únicas y servicio comunitario.

Como con la mayoría de cosas en los extremos, nos perdemos lo que está en el medio si no respetamos el impacto social, cultural y económico que ha tenido, y que seguirá teniendo, el comercio electrónico en nuestras vidas. Solamente consideremos las consecuencias que tuvo para negocios como Blockbuster, Borders y Circuit City, que no se ajustaron a su competencia en línea, junto con miles de otros negocios enfocados en libros, música y entretenimiento. Incluso si usted decide dejar a un lado el comercio electrónico en la etapa inicial de hacer que su negocio despegue del suelo, hágalo como una decisión deliberada y bien informada, y no tomada por defecto.

Este capítulo le proporcionará las variables fundamentales que debe considerar para el comercio electrónico, maneras particulares de probar las condiciones atmosféricas antes de emprender el vuelo, junto con consideraciones para una exploración adicional. Es mi esperanza que usted reconozca la inmensa frontera abierta a sus proyectos emprendedores gracias al comercio electrónico, y se aventure como un pionero hacia obtener beneficios. El proceso comienza, desde luego, con enfocar y aclarar su producto tal como se ve desde la pantalla de la computadora de su cliente.

La regla de oro

Aunque el correo electrónico ya se estaba realizando a un nivel básico, la mayoría de los expertos consideran 1994 como su año seminal. No solo Jeff Bezos comenzó su gigante minorista Amazon (llamado así porque él quería que sus clientes encontraran todo lo que necesitaran desde la A a la Z), pero 1994 fue también el año en que Marc Andreessen desarrolló la tecnología para encriptar datos de compra, facilitando así las transacciones en línea con tarjeta de crédito para hacerlo de manera segura y fiable.

El otro gigante minorista en línea, y uno que sin duda le resultará familiar, nació dos años después con un joven iraní-americano llamado Pierre Omidyar. En entrevistas posteriores, él explicó: "Comencé eBay como un experimento, básicamente como un pasatiempo mientras tenía mi empleo… Las personas ya estaban haciendo negocios unos con otros en la Internet, aunque mediante tablones de anuncios. Pero en la web, podíamos lograr que fuera interactivo, podíamos crear una subasta, podíamos crear un mercado real. Y eso fue realmente lo que desencadenó mi imaginación, por así decirlo, y eso es lo que hice" (successshiva.blogspot .com/2012/01/pierre-omidyar-founder-and-chairman.html).

Observemos que el Sr. Omidyar no tenía ni idea de que estaba lanzando un cohete desenfrenado de venta minorista; simplemente seguía su propia curiosidad y exploraba esta nueva frontera conocida como la Red. Desde su comienzo, eBay se ha convertido en sinónimo de venta minorista en línea, sirviendo como plataforma para miles de emprendedores en el comercio electrónico en todo el mundo. Ha mantenido estrictos estándares para sus vendedores y sus clientes, y este compromiso a la calidad regular, tanto en productos como en la experiencia de transacción, sigue siendo crucial para su éxito continuo.

Ya sea en Amazon, eBay, o un minorista establecido como Wal-mart o Sears, probablemente recuerde pulsar el botón en su computadora que finalizó su primera compra electrónica. ¿Recuerda la emoción de estar sentado allí en pijama o chándal, tomando una taza de café, y comprando algo que realmente no tenía delante? Para mí mismo y para muchas personas que conozco, ¡fue como una cosa sacada de la ciencia ficción! Era similar a esa sensación cuando lanzábamos cohetes al espacio exterior y aterrizaban en la luna. De repente, las computadores no eran solamente para matemáticos, científicos y fanáticos de *Star Trek*; ¡eran parte de la vida diaria!

Piense en la primera vez que compró algo en línea: un libro, una descarga de música, un juego, un par de zapatos, o un martillo. ¿Recuerda lo que sintió? ¿Quizá una ráfaga de emoción atemperada por una pizca de inquietud? Yo puedo recordar preguntarme si los consumidores comprarían ciertos productos, especialmente ropa, sin ver la mercancía en persona y probársela. Comprar un par de pantalones tejanos en línea, por ejemplo, parecía arriesgado y podría requerir la molestia de volver a empaquetarlos y devolverlos al vendedor.

Este problema, desde luego, ha demostrado ser significativo pero está muy lejos de ser insuperable.

Es solamente una de las muchas inquietudes que debe usted anticipar y abordar con posibles clientes. Otras incluyen la facilidad con la que puedan encontrarle, navegar por su página o proveedor, encontrar productos que deseen, completar su compra, completar su método de pago con seguridad, y recibir sus productos. Y aunque puede usted encontrar numerosos recursos que abordan los detalles técnicos para cada una de esas cosas, le animo a considerar la experiencia en general.

Básicamente, la Regla de Oro que una vez aprendió en la escuela dominical sigue proporcionando perspectiva cuando piense en sus consumidores y en la experiencia de compra que quiere ofrecerles. Jesús dijo: "traten ustedes a los demás tal y como quieren que ellos los traten a ustedes" (Mateo 7:12), lo cual nos fuerza a ponernos en el lugar de la otra persona. Esta manera compasiva y respetuosa de tratar a otros sustenta las relaciones, en este caso la que usted tiene con su posible cliente.

Por lo tanto, le animo a estar en línea, si no lo está ya, y a pasar algún tiempo navegando y comprando el mismo producto o servicio que usted quiere ofrecer. Eso no solo le permite identificar a sus competidores, sino que también le permite aprender lo que le gusta y le disgusta sobre sus experiencias de compras respectivas. ¿Qué páginas son más fáciles de navegar que otras? ¿Qué vendedores apelan a los sentidos con gráficas, fotografías, música y la voz narrativa de la marca? ¿Qué vendedores utilizan a otros proveedores de comercio electrónico, como eBay, Etsy, Amazon o Alibaba, y cuáles tienen sus páginas web independientes?

Como ha aprendido a estas alturas, ser un buen detective es crucial para ser un gran emprendedor. No se trata solamente de investigar lo que mejora las probabilidades de hacer despegar su negocio y sostener el vuelo. Lo que marca la diferencia es el modo en que usted integra y asimila el conocimiento obtenido de su investigación, y cómo lo utiliza para influenciar sus propios diseños.

Los hermanos Wright no trabajaron en un vacío, ni tampoco debería hacerlo usted. Ellos conocían la historia de diseños e intentos de vuelo en el pasado, desde los bosquejos del "hombre volador" de Leonardo da Vinci a finales del siglo xv hasta los planeadores y globos de aire caliente probados por Sir George Caley y Otto Lilienthal. Ellos estudiaron y aprendieron de los errores del pasado y de los éxitos de sus predecesores y sus contemporáneos antes de despegar del suelo en Kitty Hawk.

Ya sea que esté construyendo un negocio físico con una oficina y un espacio para ventas minoristas, o esté creando alas virtuales para los vientos del ciberespacio, o ambas cosas, se beneficiará de emularlos una vez más.

Vuele por los cielos más amigables

En la primera década del comercio electrónico, a medida que se fue cimentando y cada vez más personas compraban computadoras personales y adquirían productos en línea, los emprendedores que deseaban penetrar en este nuevo mercado se encontraban con frecuencia con un obstáculo. Muchos tenían la sensación de que necesitaban conocer programación de computadoras e ingeniería en línea además de prácticas de negocio y experiencia económica. A medida que se desarrolló este paisaje virtual, con frecuencia uno sentía que tenía que ser un pionero dispuesto a abrir nuevos caminos hacia territorio desconocido.

Dependiendo de su campo de comercio e interés personal, esta falta de familiaridad y carencia de experiencia pueden haber sido sin duda un obstáculo importante. Había que invertir un tiempo considerable en aprender los detalles de un campo para el cual quizá no se tenía el interés o la aptitud, o si no había que invertir el dinero para pagar a ingenieros informáticos que crearan y mantuvieran para usted su interfaz en línea.

Pero ya no es ese el caso, amigo mío. Gracias a la Internet, ¡ahora usted tiene más oportunidades de vender sus productos, bienes y servicios a la base de clientes más grande posible que nunca antes en la historia! El mundo se ha convertido verdaderamente en un mercado global donde usted puede sentarse en su casa en Seattle y hacer negocios con clientes en Shangai, Sídney y Estocolmo.

Las barreras antes mencionadas ahora han sido eliminadas por los pioneros que le han precedido. Usted no tiene que ser un gurú de la tecnología o un genio en computación para crear su propia página web. Numerosos negocios, tanto grandes como pequeños y también internacionales y locales, le ayudarán a crear y administrar su página. Entre algunas de las decenas que hacen un trabajo excelente y con reputación para emprendedores en el comercio electrónico se incluyen Jordan Crown (jordancrown.com), Followbright (followbright.com), y MaxAudience (maxaudience.com). Haga una búsqueda en línea y contacte con los que reflejen calidad, transparencia y un excelente servicio al cliente. Revise los comentarios y las reseñas de los clientes, tanto en su página web como en toda la red y las redes sociales. Las noticias se difunden en cuestión de segundos, de modo que los diseñadores web de más reputación tienen cientos de reseñas positivas y clientes satisfechos para respaldar su trabajo.

No pase por alto también su propio patio trasero. Pida que le recomienden otros dueños de negocios, amigos, familiares y compañeros de trabajo. A pesar de la velocidad y la comodidad de la comunicación en línea, a veces puede ser muy valioso reunirse personalmente con un experto y que esa persona revise los servicios que ofrece y responda sus preguntas. Consiga varios presupuestos, al menos tres, y sea todo lo concreto que pueda sobre lo que quiere que proporcione su página web, no solo en el aspecto sino también en la experiencia general. Los proveedores de servicios trabajarán dentro de su presupuesto y le dirán lo que pueden y no pueden hacer dentro de su rango de precios.

¡Ya no tiene que aventurarse hacia cielos no explorados! Otros han ido delante de usted y han mapeado las corrientes de aire y las zonas de altitud, permitiéndole volar en cielos más amigables. Utilice siempre todos los recursos que pueda antes de invertir tiempo y dinero en descubrir lo que otros ya saben.

Estilo y error

Antes de invertir en crear su propia página web, sin embargo, le insto a realizar algunos vuelos de prueba y comprobar los vientos del comercio electrónico. Con la ventaja de tener considerablemente más recursos que aquellos pioneros anteriores, puede usted escoger una plataforma mayor de comercio electrónico para manejar la logística. Dependiendo de cuál sea su producto o servicio, puede escoger uno para utilizarlo como su globo sonda.

Por ejemplo, digamos que siempre le ha gustado tomar abalorios, encontrar objetos y viejas piezas de joyería para disfraces y crear nuevos aretes, brazaletes y collares que expresan su estética única. Aunque ha vendido esos productos informalmente a amigos y familiares, ahora está listo para despegar del suelo y volar más lejos de su aeropuerto familiar. Se debate entre crear su propia página web o utilizar un proveedor de comercio electrónico. La belleza del comercio electrónico en esta época, sin embargo, ¡es que puede hacer ambas cosas!

Podría decidir enfocarse en el producto que le consigue más elogios y más ventas entre aquellos que le conocen: aretes. Desde un punto de vista de la producción, este producto también requiere menos materiales y menos de su precioso tiempo para terminar el producto. En otras palabras, los aretes serían el producto más fácil de fabricar, y en menos cantidad de tiempo. Por lo tanto, después de hacer una o dos decenas de esos aretes únicos, abre una tienda en Etsy, un minorista conocido por albergar a miles de artesanos y diseñadores, y sus creaciones.

Si no está familiarizado con Etsy o con el proveedor que elija, obviamente necesita llegar a conocer sus políticas y procedimientos. Por lo general, están bosquejados en la sección de preguntas y respuestas o en la página corporativa en la pestaña "Acerca de".

¿Cómo sostendrá Etsy sus productos? ¿Cómo encontrarán los posibles clientes que naveguen por Etsy sus aretes? ¿Qué palabras clave describen mejor su estilo, materiales y sensaciones? Con esas preguntas y otras, usted estudia y aprende cómo funciona el sistema.

Entonces puede arrancar su negocio en línea vía Etsy enviando mensajes de texto a amigos y familiares, anunciándolo en redes sociales, o incluso enviando correos electrónicos. Pronto recibirá información muy valiosa basada en cómo responden los clientes en línea a sus productos. ¿Quieren más fotografías con detalles más definidos? ¿Quieren más información técnica concreta acerca de los materiales utilizados? ¿Un sentimiento más claro de su personalidad e inspiración?

¿Y qué de los precios, cualquier comentario en todos los sentidos? Usted querrá maximizar sus beneficios sin rebasar el punto de inflexión imaginario en el que su posible cliente percibe su producto como demasiado costoso para el valor que recibiría. Si alguna vez ha visto el programa de televisión *Shark Tank*, sabrá que los costos de producción y los márgenes de beneficios son algunas de las primeras preguntas que hacen los inversores. Además de sus materiales y del tiempo invertido, querrá comparar sus precios con otras creaciones parecidas de artesanos competidores.

Después de comenzar a vender y encontrar un ritmo, tendrá una idea más clara de cuáles son sus clientes reales, no necesariamente quienes usted creía que serían. Podría haber tenido como objetivo a mujeres trabajadoras entre veinticinco y cuarenta y cinco años, pero descubre que su verdadero mercado se encuentra entre seguidoras de moda adolescentes y jóvenes adultas entre los dieciocho y los treinta años. Constantemente metidos en redes sociales, sus clientes pueden ayudarle a crear un viento viral que se convierta en una tormenta de ventas.

Aprender sobre quiénes son sus clientes vía comercio electrónico también puede ayudarle a hacer ventas personales. Una vez que sabe a quién le gusta comprar sus productos, probablemente podrá deducir más cosas sobre la persona: los otros lugares donde compra, lo que lee, dónde trabaja, el tipo hogar donde vive, su estatus relacional, y muchas otras. Con el tiempo, armado con esa información, puede tratar de localizar al comprador de accesorios para las boutiques de lujo y tiendas de bisutería de moda donde compran sus clientes. Podrían estar interesados en vender una línea de sus productos. Aunque eso no suceda, al menos conocerán sus creaciones y podrían estar dispuestos a comentar sobre ellas.

Los datos sobre sus clientes también le ayudarán a determinar cómo y cuándo ampliar su oferta de productos. Después de que los aretes hayan alcanzado su meta de ventas durante varias semanas o meses, puede añadir brazaletes, respondiendo a las peticiones de clientes de esta adición en particular. Al final, podría añadir colgantes, anillos y adornos para el cabello, pero aprenderá más si comienza lentamente. Si trata de hacer un ascenso vertical, puede descubrir que es imposible mantener el vuelo, incluso si es capaz de alcanzar los 30 000 pies.

Si no tiene productos físicos que ofrecer, busque proveedores que conecten a clientes con los servicios que usted ofrece. Por ejemplo, HomeAdvisor (homeadvisor.com) selecciona decenas de diferentes servicios y reparaciones relacionados con el hogar, desde limpieza de la casa hasta consejos sobre arquitectura. Si el primer proveedor no trabaja con datos suficientes, o no se los proporciona, para su siguiente paso, entonces pruebe con otro.

Tales experimentos no solo le dan un sentimiento de hacia dónde puede soplar el viento, sino que también le proporcionan una experiencia directa en los fundamentos básicos del comercio electrónico. No hay tal cosa como fracasar. ¡Usted está aprendiendo mediante estilo y error! Todo se trata de intentar, aprender, crecer, observar, integrar, y saber algo más que cuál fue la última venta. La Internet proporciona un inmenso túnel de viento donde usted puede probar su diseño en el comercio electrónico sin construir y estrellar su avión.

Atento a su mercado

No podemos explorar las interminables posibilidades de emprendimiento facilitadas por el comercio electrónico sin hablar de mercadeo y posicionamiento de marca. De manera conceptual y práctica, deben trabajar de la mano con sus ventas reales para revelar su identidad pública y corporativa. No puede separar el uno del otro sin que se produzca un efecto dominó de consecuencias. Incluso si decide no participar en el comercio electrónico, debe estar lo bastante familiarizado con él para saber cómo ponerse en guardia contra sus competidores que sí lo hacen.

No puede ignorar el mercadeo y la promoción de su negocio en línea. Recuerdo cuando grandes minoristas como Sears y Penney's confiaban en las ventas por catálogo. Cada Navidad, ese volumen enorme de productos llegaba por correo, y mis hermanos y yo nos pasábamos horas viendo las fotografías en color de juguetes, juegos y bicicletas que había en sus páginas, peleándonos por quién obtendría qué semanas después bajo el árbol de Navidad. Tales libros de referencia para sueños infantiles no solo promocionaban marcas individuales, como Mattel y Hasbro, sino que también servían al minorista paraguas que estaba sobre todas ellas. Aunque estoy seguro de que las ventas por correo directo siguen existiendo, han menguado considerablemente y han perdido una cuota de mercado enorme debido al comercio electrónico.

Cuando yo era pequeño, los minoristas locales con frecuencia confiaban en distribuir folletos o tarjetas sobre sus negocios, o se anunciaban en la radio local o en programas de televisión. Y, desde luego, estaban las indispensables Páginas Amarillas, que enumeraban una línea tras otra de vendedores, negocios y servicios por categorías. Aunque siguen existiendo en formas alteradas y compatibles electrónicamente, su capacidad de dirigir a los clientes hacia los negocios se ha apagado. ¿Cuándo fue la última vez que usted recogió su correo y se detuvo para hojear un catálogo o para leer la tarjeta de una nueva tintorería que abrió en la esquina?

Debe recordar, sin embargo, que la promoción, el mercadeo y el anuncio de su negocio en línea no garantiza absolutamente nada. Si nadie está encontrando sus anuncios, leyendo sus correos electrónicos, o siguiéndole en las redes sociales, entonces no es mejor que enviarles un folleto por correo que tirarán inmediatamente. Y puede que esta sea la parte más desafiante y continuamente cambiante del comercio electrónico: tiene que saber dónde y cómo conectar con sus posibles clientes. Puede invertir y anunciarse en Facebook, pero si no escoge filtros adecuados para determinar a los receptores de su anuncio, desperdiciará su dinero.

Por eso debe convertirse en un buen estudiante y un detective decidido cuando se trata de descubrir y aprovechar puntos de contacto con su posible audiencia. Cuando yo comencé por primera vez a combinar varios eventos en el épico fenómeno familiar conocido como MegaFest, sabía que necesitaba patrocinadores empresariales para cubrir los costos iniciales y suplementar los beneficios producidos por las entradas vendidas con antelación. También sabía que los negocios y las empresas adecuados podrían beneficiarse mucho de la exposición tan enfocada que recibirían por parte de varios cientos de miles de individuos diversos que asistirían a nuestros eventos y programa durante varios días. Teniendo en mente esta fórmula en la que todos ganaban, escribí una lista de deseos e hice que los miembros de mi equipo comenzaran a establecer contacto con negocios para ganarse su interés en tal colaboración.

De manera similar, usted debe considerar maneras de poder colaborar en línea con otros minoristas, blogueros, críticos, y otras páginas web relacionadas con su negocio. Idealmente, puede pensar en colaboradores y esfuerzos de colaboración que ayuden a ambos a lograr sus metas. Obviamente, algunos quieren solamente colaboradores que paguen el patrocinio; pero muchos otros necesitan su participación real. Necesitan que usted proporcione contenido para sus blogs, entrevistas, críticas de productos, y reportes de análisis de la industria. Crear ese tipo de contenido para ellos le permite ampliar su experiencia y su marca de modo simultáneo.

Y se dé cuenta de ello o no, ya habrá comenzado a posicionar la marca de su negocio.

Un nuevo día

Todos sabemos que puede ser peligroso juzgar un libro por su portada. De manera similar, la Internet ha sido explotada para realizar numerosas estafas porque puede utilizarse para manipular palabras e imágenes y, así, engañar a otros. Parte del atractivo inicial de la Internet era el modo en que la comunicación en directo podía realizarse con un mayor grado de control que en persona. Las personas podían asumir roles, proyectar un personaje, o crear avatares para ocultar su verdadera identidad, aspecto y personalidad. Lo mismo era cierto también para los negocios en línea.

Sin embargo, el uso y la tecnología en línea, particularmente con las redes sociales, ha llevado a un primer plano la transparencia y la autenticidad. Sí, las personas pueden engañar durante un tiempo, pero los individuos y los negocios en quienes confían los clientes proporcionan tres ingredientes clave, que componen esencialmente su marca: coherencia, calidad y adaptabilidad. Consideremos brevemente cada uno de ellos.

Coherencia significa que el nombre de su negocio encaja con lo que usted vende realmente y contribuye a identificar la misión primaria de su empresa. Los nombres de empresa que son vagos, genéricos o poco atractivos tienden a frustrar a las personas que no tienen ni idea de cuál es realmente la meta de su negocio. ¿Acaso no hemos visto todos anuncios en televisión o en línea que eran bonitos, inteligentes o atractivos pero nunca presentaban de manera adecuada la empresa o el producto? Quizá mediante la enorme repetición, finalmente podríamos llegar a relacionar la empresa con lo que nos gusta del anuncio, pero la mayoría de negocios no tienen este lujo.

Además, tan solo piense en los cientos, si no miles, de imágenes, mensajes, sonidos, correos electrónicos, mensajes de texto y tweets que recibe diariamente, cada uno de ellos reclamando su atención enfocada. Recuerdo haber leído que la mayoría de investigación sobre el mercadeo revela regularmente que un producto o su herramienta promocional tiene tan solo tres segundos para atraer a posibles clientes. ¡Tres segundos! Pero en ese breve tiempo, nuestro cerebro ha comenzado inmediatamente a descodificar los datos que nuestros sentidos le proporcionan, todo completo con imágenes visuales, sonidos, olores y texturas.

Quizá no es tan sorprendente si piensa en cuán rápidamente se forma una primera impresión de alguien a quien acaba de conocer. Incluso si no se da cuenta de que está analizando su experiencia de esa persona, su cerebro está procesando su aspecto, el sonido de su voz, el mensaje que está diciendo, su aroma, y la sensación que produce su apretón de manos. Su negocio puede que tenga incluso

menos tiempo mientras usted intenta captar la atención de individuos en línea.

La coherencia en el posicionamiento de marca con frecuencia
recorre un largo camino para comunicar estabilidad, seguridad
y fiabilidad. Estas cualidades por lo general requieren frecuencia.
Cuando los clientes tienen la misma experiencia con cada compra
o interacción, llegan a saber qué esperar de usted y de su negocio.
Mientras cumpla repetidamente sus expectativas positivas, su coherencia proporciona combustible para que su marca crezca.

Calidad es un ingrediente que en muchos casos es evidente por
sí mismo. Sin embargo, con frecuencia me sorprende cuántos negocios no atienden a los detalles sobre el modo en que muestran su
marca, especialmente en línea. Al salir al mundo, cualquier cosa
vinculada, relacionada, o que refleje su negocio debe reflejar la actitud de excelencia que usted quiere mantener. Al igual que alguien
que acudió a una entrevista vestido descuidadamente y poco preparado no obtiene el empleo, si la gente encuentra gráficos descuidados, faltas de ortografía e información no actualizada en su
anuncio, entrada del blog, o página web, probablemente pasará de
largo.

La calidad de marca se trata de prestar mucha atención a los
detalles de funcionalidad al igual que a la participación sensorial.
Usted querrá que a la gente le guste y recuerde lo que ve en línea
que está relacionado con usted, con su negocio y con su marca.
Su marca debe destacar y encontrar la manera de distinguirse de
sus competidores, al igual que de todo el ciberdesorden que todos
enfrentamos cada día.

Adaptabilidad, finalmente, es el complemento de la coherencia.
Si la coherencia de su empresa asegura que sus productos y servicios siempre satisfacen al cliente, podría verse tentado a pensar que

debería mantener igual cada aspecto de su negocio. Al cliente le gusta ahora, de modo que por qué cambiarlo, ¿no es cierto? Pero como hemos visto, cuando usted está en el aire debe mantener sus ojos en los vientos y las tendencias. Como se dice a menudo sobre un fenómeno cultural pop, un día estás dentro y al siguiente día estás fuera.

Permanecer flexible y adaptable le permite cambiar para seguir satisfaciendo las expectativas positivas del cliente. Independientemente de cuán buenos sean sus productos o su experiencia de servicio al cliente, no puede suponer que los medios y métodos del presente funcionarán mañana. Siempre puede esforzarse por mejorar y experimentar con mejoras. La tecnología siempre está cambiando, y no querrá quedar atascado en un modo de comercio electrónico desfasado. Los vientos sociales y culturales también cambian el paisaje minorista, y usted querrá maximizar su capacidad para volar más alto con su marca.

Cielo azul para cada negocio

Al concluir nuestra breve incursión en el comercio electrónico, espero que este capítulo le haya dado algo para reflexionar y combustible para su viaje por las cibernubes. Para recapitular, si no recuerda ninguna otra cosa de las que he hablado en este capítulo, esto es lo que espero que recuerde sobre el comercio electrónico. En primer lugar, no puede ignorarlo porque no se irá. Ha pasado casi un cuarto de siglo desde que emprendedores comenzaron a volar por este espacio aéreo nuevo y no probado. Desde entonces, muchos se han remontado y siguen ascendiendo, mientras que otros se han estrellado para volver a volar otro día. En general, sin embargo, el comercio electrónico continúa revelando mucho cielo azul para cada negocio.

En segundo lugar, el comercio electrónico presenta oportunidades ilimitadas para probar el mercado y para la experimentación, lo cual le ayuda a aprender más sobre lo que funciona y sobre quiénes son sus clientes. Tiene usted este salón de clase, laboratorio y túnel de viento, todo en uno, donde puede explorar y orientarse antes de embarcarse en un viaje más largo y más amplio.

Finalmente, el comercio electrónico es absolutamente esencial para el éxito a la hora de promocionar, poner en el mercado y posicionar la marca de su negocio, ya sea que intente realmente vender en línea o no. Ningún emprendedor serio y rentable puede permitirse ignorar el vasto alcance y el influyente impacto que ha tenido la Internet en cada modelo de negocio en existencia.

Recuerde: en el comercio electrónico, ¡la *e* implica facilidad!

PARTE III

SOBREVUELE LAS NUBES

¿Quiénes son los que pasan como nubes, y como palomas rumbo a su palomar?

—Isaías 60:8

CAPÍTULO 7

Tripulación de vuelo

Reunir a su equipo de ensueño

Reunirse es un comienzo. Mantenerse juntos es progreso. Trabajar juntos es éxito.

—Henry Ford

Al principio en mi carrera como emprendedor, enfrenté una de las batallas que nadie quiere pelear jamás, y menos alguien que intenta mantener en el aire un negocio. Un contratista con quien había trabajado para un nuevo proyecto interpuso una frívola demanda contra mi empresa con la esperanza de sacar partido con mi ascenso que se aceleraba rápidamente como hombre de negocios y como pastor.

Sospecho que este adversario creía que yo me conformaría tranquilamente, a pesar de no haber hecho nada mal, a fin de evitar la publicidad inevitable que llega con las acusaciones criminales, sin importar lo no corroboradas que puedan estar. ¡Pero no sabía con quién estaba tratando! Yo no iba a permitir que mi proyecto en ciernes fuera secuestrado por alguien que intentaba expulsarme de la cabina.

Mientras se acercaba la fecha para la vista, me preparé para la pelea armado con mis propios abogados y el conocimiento personal de la situación. Ya había orado por la paz que sobrepasa todo entendimiento, ¡para no estrangular a nadie que hiciera acusaciones falsas en el tribunal! Por lo tanto, me defendí a mí mismo mental y espiritualmente, aferrándome a la honestidad y la integridad que había trabajado tanto por establecer en mis tratos de negocios y también en mi ministerio. Anticipando que podría suceder algo sacado de una novela de John Grisham, o al menos de un viejo episodio de *Perry Mason*, quedé sorprendido de que, cuando se produjo la vista en el tribunal, fue en realidad decepcionante.

Una sorpresa mayor aún fue la impresión que tuve del abogado que representaba a mi oponente, el demandante en este pleito que el contratista había interpuesto. El abogado oponente no era impresionante debido a su elocuencia ni a cualquier glamur que tuviera, cualidades estrella en su desempeño. Su aspecto era profesional pero nada llamativo; de hecho, no había nada hábil con respecto a ese caballero. Él simplemente conocía la ley y tenía una estrategia clara para presentar el caso de su cliente. Obviamente, había anticipado todas las preguntas que lanzarían a su cliente, y estaba preparado con las respuestas adecuadas.

Semanas después, cuando el asunto quedó resuelto y se solucionó todo, llamé a ese abogado, elogié su conducta en el tribunal, y le pedí que fuéramos a almorzar. Sorprendido por mi llamada, de todos modos estuvo de acuerdo en reunirnos, y durante el almuerzo nos conocimos un poco mejor. Finalmente, compartí con él mis observaciones sobre sus capacidades profesionales en el tribunal, y revelé por qué le había pedido que se reuniera conmigo: ¡para ofrecerle un empleo!

Sorprendido de que yo le hiciera esa oferta, me hizo varias preguntas astutas de seguimiento antes de requerir tiempo para pensarlo, orar al respecto, y hablarlo también con su esposa y su familia.

Al día siguiente me alegré mucho cuando me llamó y aceptó mi oferta, y comenzó a trabajar para mí dos semanas después. Este caballero pasó a representar todos mis negocios durante más de una década, demostrando que mi juicio sobre él fue preciso, ya que sobrepasó mis expectativas una y otra vez. A pesar de estar en lados opuestos en aquel procedimiento legal inicial, después trabajamos juntos exitosamente en numerosos proyectos emprendedores.

Está contratado

Ahora bien, puede parecer que contraté a ese hombre de modo bastante impulsivo, pero nada podría estar más lejos de la verdad. Sí, mi impresión inicial de él desencadenó mi interés en sus capacidades y en cómo podría encajar él en mi organización. Pero durante el intervalo que pasó entre el final de nuestro caso y cuando le pedí que fuéramos a almorzar aquel día, yo había hecho todas mis diligencias. Había investigado su trasfondo, su formación educativa, y su reputación profesional entre sus colegas y también entre sus clientes. Cada parte de la investigación confirmó mi impresión de que él sería un buen recurso para TDJ Enterprises.

Seguía habiendo cierto riesgo, desde luego, porque existe riesgo con cada nuevo empleado independientemente de cuán bien crea conocer a la persona. Pero yo había hecho todo lo que estaba en mi poder para maximizar la probabilidad del éxito de este hombre como mi empleado. Aunque fue tentador descartar la posibilidad de contratarlo debido a su papel en el lado contrario en el contexto de nuestra primera reunión, permitir que ese contexto fuera un obstáculo para que lo contratara habría sido un error. Sin duda, verlo operar en tal situación me dijo mucho más sobre su carácter y sus credenciales de lo que cualquier entrevista pudiera haber proporcionado.

A veces, nuestros adversarios pueden convertirse en algunos de nuestros mejores aliados. Tenga en mente que no tiene que caerle bien alguien o querer ser amigo de esa persona para contratarla. Si la persona es buena en su trabajo y comparte la misma dedicación a la excelencia que usted tiene, no importa si les gusta el mismo equipo en los deportes o comparten trasfondos parecidos. No tiene que cenar con él o ella los domingos, pero sí tiene que poder confiar en que cumplirá las responsabilidades para las cuales lo contrató.

Contratar a amigos (y a familiares, pero hablaré más sobre los familiares enseguida) es con frecuencia peligroso, y puede matar su negocio con más rapidez que la de un rayo que golpea el motor de su avión. Cuando contrata a un amigo, automáticamente hace que sea más difícil para usted empujar a esa persona hacia su mejor desempeño. En teoría, podría usted pensar que es más fácil debido a la buena relación que ya han establecido. Ya se conocen el uno al otro y saben cómo comunicarse, ¿no es cierto?

Pero aquí está el problema: por lo general, usted quiere que sus amigos sigan siendo sus amigos, y por eso finalmente la amistad se interpone en el camino del espíritu emprendedor. Usted permite algunas cosas porque no quiere arriesgarse a herir sus sentimientos o darle un pisotón. No le hace rendir cuentas al mismo nivel que a un empleado que no es un amigo, y como resultado sufre su negocio.

Generalmente en los negocios, es mejor si separa sus relaciones personales de las profesionales, pero estoy convencido de que es absolutamente crucial para los emprendedores. Usted contrata a alguien por sus capacidades, talentos, y el valor general que aporta esa persona a su empresa, y no por sus bromas favoritas y sus recetas familiares. Cuando quiere que le arreglen su auto, no le importa si el mecánico es amigable o no; tan solo quiere a alguien que sepa cómo resolver su problema a un precio justo. Lo mismo se aplica a la hora de encontrar a un médico. Puede que le caiga bien o no, pero lo que importa es el conocimiento y la habilidad que tenga ese médico para tratar su enfermedad o achaque concreto.

Si le cae bien un empleado y terminan siendo amigos sin que eso afecte su desempeño, entonces considérese bendecido y disfrute de esa rara hazaña. Pero la mayoría de las veces, su negocio se beneficiará y crecerá con mayor rapidez si las comunicaciones son claras y los límites son firmes. Contrate a la mejor persona para el papel que necesita ocupar y para hacer el trabajo que necesita que se haga con la mayor eficacia posible. Realice las diligencias debidas que se requieren para ver si su desempeño en el pasado, su historial laboral y su educación académica equipan a esa persona para las necesidades de su empresa. Repito que eso no garantiza que será tan fuerte como usted espera, pero aumenta las probabilidades.

Y si la persona no trabaja bien después de haber tenido una formación adecuada y múltiples oportunidades para mejorar, entonces no desperdicie el tiempo: el suyo o el de la persona. La vieja frase "lento para contratar y rápido para despedir" se sustenta, según mi experiencia. De modo que tómese su tiempo para encontrar a las mejores personas en las que pueda invertir como líderes dentro de su negocio. Llegue a conocerlos profesionalmente y, si es posible, véalos en acción haciendo lo que usted necesita que hagan.

Muchos emprendedores contratan a personas porque tienen una necesidad repentina debido a un crecimiento inesperado o mayor flujo de negocio. Como resultado, contratan a alguien que está disponible de inmediato en lugar de utilizar trabajadores temporales o encontrar otras soluciones para su necesidad inmediata. Este tipo de contratación raras veces produce un empleado de calidad que crezca a largo plazo junto con la empresa. Por lo tanto, usted termina teniendo que despedir a esas personas y volver a comenzar, lo cual puede que no parezca gran cosa, pero sin duda puede tener importancia cuando su negocio es pequeño y está comenzando.

Cuando está construyendo algo desde cero, esas primeras personas contratadas son cruciales si quiere seguir volando con éxito. Querrá tener miembros del equipo que no solo entiendan sus productos, servicios y a los clientes, sino que también capten su visión para el éxito. Ellos no tienen que saber cómo construir su avión o cómo pilotarlo, pero sí necesitan saber cómo afecta su aportación al resto de sus pasajeros.

Eche la red

Mi mamá solía decir: "Si ves a una tortuga sentada en una valla, ¡siempre puedes saber que no llegó allí por sí misma!". ¡Tenía razón! Y si usted ve a un empresario entrevistado con respecto al éxito de su negocio, entonces puede estar seguro de que muchas otras personas contribuyeron a su viaje.

No puede hacer grandes obras usted solo en aislamiento. Si tiene una visión de construir un proyecto que vuele y mantenga su viaje por las nubes, no será capaz de hacerlo usted solo. Aprovechando su red existente de relaciones y también cultivando las relaciones nuevas y necesarias que necesite se asegurará tener a la tripulación que necesita para volar.

Aunque puede ser tentador ser un Superman o una Superwoman e intentar lanzar usted solo un negocio, no se requiere mucho tiempo para darse cuenta de las limitaciones de sus súper poderes. De hecho, las personas que se consideran a sí mismas quienes lo hacen todo y lo terminan todo en sus esferas de influencia, se zambullen en picado y se estrellan mucho antes de alcanzar su potencial. Se ven a sí mismos como pilotos en solitario, ¡pero olvidan que incluso Charles Lindbergh hizo un solo vuelo trasatlántico en solitario! Nunca olvide que desafiar la gravedad y alcanzar su destino es un viaje que no puede hacer solo.

Si intenta hacer usted mismo todo lo que requiere su negocio, entonces tiene garantizado estrellarse y arder. Los verdaderos súper poderes requieren una variedad de talentos y habilidades complementarios que trabajan en armonía para lograr resultados que están por encima de lo que usted podría lograr mediante el mero talento o el duro trabajo a solas. Como una sola persona, está limitado por una cantidad finita de tiempo, energía y capacidad. Usted tiene solo dos manos y solamente puede lograr lo que dos manos son capaces de conseguir. Debe reunir al mejor equipo posible para apoyar, sostener y pilotar su nuevo proyecto.

Me gusta recordar a los líderes a los que tengo el privilegio de entrenar que no olviden nunca la "red" en el trabajo en equipo. Las redes son cordones entrelazados de fibras diseñados para contener ciertos productos a la vez que dejan pasar otros a través de ellas. Las redes proporcionan un filtro flexible para ayudar a pescadores, deportistas y entomólogos ¡a cazar sus peces, metas en el campo, y luciérnagas!

De manera similar, nuestras redes son más eficaces cuando extendemos nuestros intereses y hacemos participar a emprendedores, consumidores y otros líderes de negocios que van en direcciones distintas a la nuestra. Estoy convencido de que las redes más dinámicas y capaces están construidas con cordones de conectividad que cruzan barreras e integran diversas perspectivas. Aumentan el tamaño y la profundidad del conjunto del que usted puede obtener colaboradores, inversores, empleados y clientes.

Tripulación de tierra

Todo el mundo necesita aliento y apoyo, especialmente cuando se embarca en un nuevo viaje de descubrimiento personal y profesional. Idealmente, cada nuevo emprendedor disfrutaría del beneficio de tres tipos distintos de tripulación de tierra: colaboradores, consejeros y mentores. Estas relaciones no son esenciales para el éxito de su empresa, pero por lo general establecen el trabajo preliminar para tener la pista de despegue llana que necesita para emprender el vuelo. Aunque estos papeles pueden sobreponerse, consideremos cada uno de ellos y las contribuciones únicas que realizan a su logro general.

Los *colaboradores* tienden a ser las personas a las que usted considera sus mayores fanes, las que celebran sus triunfos con usted al igual que recogen los pedazos cuando fracasa. Para muchos emprendedores, sus familias proporcionan este tipo de apoyo y cuidado personal. Los familiares no solo alientan nuestros proyectos y sirven como una caja de resonancia, sino que también proporcionan apoyo práctico en forma de recoger a sus hijos de la escuela, cocinar de vez en cuando, u ofrecerse a ayudar con tareas de la casa.

Mas que tan solo animadores, los colaboradores entienden el costo requerido para que usted esté inmerso plenamente en su nuevo negocio, y se interesan por usted y harán lo que puedan para ayudarle a tener éxito. Creen en usted incluso si no creen en lo que su negocio logrará o la razón por la que se siente impulsado a lanzarlo. Proporcionan apoyo personal y emocional durante el riguroso proceso de comenzar su negocio.

Los *consejeros*, por otro lado, le ofrecen apoyo profesional e intelectual, por lo general en forma de consejos y sabiduría. Puede que se interesen por usted personalmente, pero tienen más que ofrecerle en forma de sus mejores prácticas de negocio. Con frecuencia son ellos mismos emprendedores, y ya han experimentado muchos de los retos iniciales que usted está enfrentando. Quieren ayudarle a evitar los mismos errores que ellos cometieron, para que usted pueda hacer que su negocio sea más exitoso.

Sus consejos pueden ser concretos y prácticos: debería ordenar materiales a este mayorista y no a aquel; o puede que sean más generales y conceptuales: tome siempre un día libre cada semana a pesar de cuán ocupado este. Los consejeros más eficaces por lo general tienen cierto conocimiento o experiencia con su tipo de producto, servicio y base de clientes. Ellos saben de primera mano cómo vender pasteles o comenzar una tintorería porque ya lo han hecho.

Los *mentores* combinan ambos roles, el de colaborador y consejero, y ofrecen perspectiva global sobre cómo manejar las demandas de su vida como emprendedor y las de ser cónyuge, padre, madre, cuidador o estudiante. Quieren que usted tenga éxito profesionalmente pero no a expensas de su vida personal y su coherencia familiar. Saben que para tener éxito verdaderamente nunca debe perder de vista el balance en la vida y la prioridad de amar a las personas que son más importantes en su vida.

De estos tres roles de apoyo, los mentores son normalmente los más difíciles de encontrar y mantener. También puede ser difícil definir sus expectativas y tener a otros individuos ocupados y exitosos de acuerdo en comprometerse a ser sus mentores. No suponga que la persona siempre va a ser más mayor que usted o un experimentado veterano cerca de la edad de jubilación. Aunque los mentores son con frecuencia más sabios y más experimentados que usted, puede que correspondan o no con su edad cronológica. Quizá hayan comenzado a trabajar en su campo a una temprana edad, mientras que usted ahora está cambiando de carrera profesional, o puede que provengan de una familia que era dueña de un negocio en su industria.

Independientemente de cómo los denomine, estas personas en roles de apoyo, en quien me gusta pensar como su tripulación de tierra, ayudan a prepararle para el vuelo y a repostar combustible en medio de sus viajes. Son esenciales para su éxito, de modo que nunca subestime su importancia. ¡No tenga miedo a pedir lo que necesite a fin de tener éxito!

Tripulación de vuelo

Además de su tripulación de tierra, necesitará personas dispuestas a invertir algo más que apoyo emocional, aliento personal y consejos inspiradores. Necesita una tripulación de vuelo para financiar su nuevo proyecto y hacerlo despegar del suelo. Y este equipo debe comenzar con usted como el capitán que pilota el proceso. Debe estar dispuesto a invertir sus propios recursos financieros en su negocio si espera que otras personas arriesguen los de ellos. Por lo tanto, antes de imprimir copias de su plan de negocio y practicar su lanzamiento para banqueros y capitalistas emprendedores, ya debería tener asignada su propia inversión.

Decidir cuánto puede invertir en su nuevo negocio es delicado. Si no puede permitirse perder su inversión, entonces necesitará esperar hasta haber ahorrado lo suficiente para apuntalar adecuadamente su negocio. Muchos emprendedores, impulsados por la emoción de la adrenalina por comenzar su nuevo proyecto, agotan imprudentemente todos sus ahorros, sus fondos de jubilación y la hipoteca de su casa.

Aunque admiro tal dedicación y disposición a "invertirlo todo", debo advertirle que no permita que su pasión supere su sentido práctico. Yo nunca he jugado a juegos de azar, pero otros a quienes parece que les gustan tales actividades me dicen que consideran que sus apuestas son recreativas. La clave, me dicen, está en no apostar más de lo que pueda permitirse perder.

Lo mismo se aplica a los emprendedores que apuestan en su nuevo negocio. El riesgo es una necesidad, pero también debe considerar el peor de los casos. No invierta todo lo que tiene en algo que aún no ha demostrado que puede volar. Invierta solamente en lo que pueda permitirse razonablemente, asegurándose de tener un plan de contingencia para cómo sobrevivirá y pagará sus facturas si el negocio fracasa antes de llegar a ser rentable. Los mejores emprendedores asumen que serán necesarios varios intentos, incluidas varias infusiones de capital, antes de que su negocio emprenda vuelo y se mantenga en el aire, y hacen planes en consecuencia.

Por lo tanto, sea inteligente en cuanto a lo que puede invertir. Anote cuáles son sus activos y pasivos, y vea lo que tiene sentido. Hable de lo que quiere invertir con su cónyuge o con otras personas directamente afectadas por su inversión. Consulte con su contador para que le proporcione perspectiva objetiva y también le ayude a pensar bien en las diversas implicaciones que tendrá en los impuestos.

Cuando haya determinado cuál será su inversión, entonces puede acercarse con más confianza a otros que pueden estar interesados en financiar su negocio. Si alguna vez ha visto el programa *Shark Tank*, entonces sabe que esta es con frecuencia la primera pregunta que el panel de inversores profesionales hace al posible emprendedor que se acerca a ellos. Quieren saber cuánto ha invertido esta persona en el juego a fin de evaluar el nivel de compromiso del individuo y el umbral de riesgo.

Dependiendo de la cantidad de capital que necesite, un inversor podría ser suficiente para apuntalar su proyecto. Es más que probable, sin embargo, que necesite varios inversores clave para proporcionar combustible a su vuelo. Estos inversores son con frecuencia dueños de negocios exitosos o emprendedores que ya tienen experiencia. Ellos escuchan muchas ofertas desde todo el espectro de posibles emprendedores que buscan efectivo y, como resultado, estos inversores dicen no con mucha más frecuencia que sí.

Por lo tanto, esté preparado para que le rechacen unas cuantas veces, y utilice la experiencia para mejorar su oferta. Pregunte respetuosamente a los inversores que declinan por qué no están dispuestos a invertir en su proyecto en este momento. Algunos puede que no estén dispuestos a hacer comentarios, pero otros le proporcionarán retroalimentación sincera acerca de sus preocupaciones.

Escuche atentamente sus palabras y el razonamiento que hay detrás de su decisión de declinar. Si tienen dudas acerca de su ubicación, pídales sugerencias acerca de dónde reubicarse. Si batallan para entender el producto o servicio que usted vende, entonces agudice y aclare su oferta. ¡Utilice la oportunidad para convertir la negativa de ese inversor en el sí del siguiente inversor!

Téngalo por escrito

Cuando finalmente encuentre inversores dispuestos a respaldar su proyecto, entonces debe hablar de los detalles de cómo será devuelta su inversión y la parte concreta que ellos obtienen de sus beneficios. Aunque los apretones de manos son buenos, debería requerir un contrato por escrito que contenga los detalles de su acuerdo. Si no tiene claro el compromiso exacto que requiere de usted ese contrato, entonces consulte con un abogado, experto financiero o contador para repasar el documento y explicárselo. ¡Nunca firme algo que no haya leído! Independientemente de cuánto confíe en la otra parte, se cometen errores y se producen malentendidos.

Finalmente, asegúrese de que sus inversores y usted hablan del alcance de su papel más allá de proporcionar fondos. ¿Tendrán ellos cualquier autoridad para tomar decisiones o influenciar en la dirección para su negocio? ¿Necesita tener la aprobación de ellos antes de tomar decisiones importantes? Existe una gran diferencia entre un inversor, que por lo general tan solo arriesga capital con la esperanza de obtener beneficios de su éxito futuro, y un socio, director, o accionista.

Las personas que quieren tener un papel en su negocio y una posibilidad de pilotar el avión de vez en cuando pueden ser un gran activo. Si creen en usted, comparten su visión, y tienen el conjunto de habilidades y la disponibilidad para participar más allá de meramente invertir, se convierten en sus copilotos. No solo tienen un interés en sus beneficios, sino que también participan diariamente para dar forma a la empresa y dirigir las operaciones.

Con tales accionistas, es incluso más imperativo determinar cuál es su papel y las responsabilidades de trabajo antes de que el negocio despegue del suelo. Aclare las expectativas mutuas y delegue las áreas concretas de responsabilidad dentro del proyecto. Establezca confianza con una comunicación abierta y sincera que respete a la otra persona y valore los esfuerzos colaborativos. Decida cómo se manejarán los conflictos y cómo se tomarán las decisiones finales antes del fragor del momento cuando están llegando nuevos pedidos y hay que escoger en qué dirección seguir.

Las colaboraciones pueden ser desafiantes para los nuevos emprendedores que están acostumbrados a actuar en solitario. Quizá inicialmente no agradezcan tener a otra persona que cuestione, desafíe o anule sus decisiones; pero ser demasiado posesivo con su "bebé" puede privarle de preciosas oportunidades para nuevas direcciones dinámicas. Por lo tanto, asegúrese de trabajar solamente con colaboradores a quienes respeta y esté dispuesto a escuchar. No hay nada peor que tener un accionista en su negocio que sea un copiloto pesado cuando usted está en el asiento del piloto.

Por otra parte, permitir que los accionistas participen en el proceso de su negocio proporciona una perspectiva más abundante y más multifacética. También tiene a otros con quienes compartir la carga de trabajo y que le proporcionen apoyo cuando usted tropiece. La Biblia dice: "Más valen dos que uno, porque obtienen más fruto de su esfuerzo", y: "¡La cuerda de tres hilos no se rompe fácilmente!" (Eclesiastés 4:9; 4:12). Por lo tanto, ponga a un lado su ego si es necesario y disfrute de la oportunidad de lanzar su negocio con otras personas que están implicadas en su éxito tanto como usted mismo.

Todo en la familia

Aparte de bancos, inversores profesionales y capitalistas emprendedores, muchos nuevos emprendedores acuden a familiares y amigos para conseguir financiación. Aunque es natural suponer que las personas que le conocen y más le quieren querrían invertir en su nuevo proyecto, la realidad es con frecuencia más complicada y desafiante. Primero y sobre todo, no hay absolutamente ninguna manera en que usted o quienes están más cerca de usted sean objetivos acerca de la inversión.

Por más que lo intente, es difícil separar las dinámicas familiares de las prácticas de negocios. La tía Rut y el tío Booz pueden saber que usted es una persona adulta con título universitario y diez años de experiencia como chef, pero cuando invierten en su negocio de catering, le siguen viendo como su pequeña sobrina que vende galletas de Girl Scout.

No quede enredado en la trampa de las percepciones del pasado. Hable de los detalles con familiares al igual que lo haría con cualquier inversor que acaba de conocer. Establezca límites claros y expectativas realistas. Hable de lo que sucede si el negocio fracasa y ellos pierden su inversión. ¿Cómo manejarán tal pérdida y cómo podría eso cambiar la dinámica de su relación? ¡No espere hasta que nadie le pase el pavo en Acción de Gracias para darse cuenta de que tienen un problema con usted!

Tenga siempre un contrato, pero cuando familiares o amigos cercanos invierten en su negocio, eso es incluso más esencial. Al principio puede tener una sensación extraña o incómoda, pero si ambas partes quieren seriamente hacer que la relación funcione, entonces debe usted redactar los detalles. No se limite a sonreír, dar un abrazo y actuar como si todo fuera bien y suponer que, porque son familia, ¡ellos nunca retirarán su inversión o incluso se meterán en un litigio! Todos hemos oído de muchas situaciones en las que hermanos que antes se llevaban bien, o incluso padres e hijos adultos, ya no se hablan debido a las emociones implicadas en un negocio familiar fracasado.

Igualmente esencial es determinar el papel que esos inversores familiares tendrán en su negocio. ¿Tendrán ellos acceso a todas sus operaciones, prácticas y registros? ¿Tienen voz en las decisiones? Porque sea que estén sobre el papel o no, la mayoría de familiares se consideran automáticamente accionistas. Si usted recibe sus comentarios o al menos puede tolerarlos, entonces no habrá ninguna sorpresa más adelante. Pero si usted siempre pensó que su suegra estaba ya en su negocio antes, ¡solamente espere hasta que ella haya invertido en su nuevo proyecto!

¿Quién es el jefe?

Aunque estamos hablando de la familia como inversores, también deberíamos considerar las complicaciones que surgen cuando empleamos a familiares. El problema es que usted esperará más de ellos, mientras que puede que ellos supongan que pueden dar menos. Debido a que tienen un vínculo, comparten historia pasada, o tienen una relación cercana, usted puede suponer que darán el 110% tal como usted está dando. Esos seres queridos, sin embargo, puede que esperen recoger un salario sin tener que trabajar tan duro como podrían hacerlo para un jefe al que no conozcan en ningún otro papel.

Personalmente, he empleado a familiares en varios proyectos y he obtenido resultados principalmente positivos. He intentado dejarles claras mis expectativas desde un principio, y les he preguntado claramente si pueden aportar lo que el negocio necesita. Dependiendo de sus talentos y experiencia, he hecho lo posible para desafiarlos sin que eso suponga una carga. Como haría con cualquier empleado, quiero que crezcan y amplíen sus capacidades, y se vuelvan más competentes en hacer que el negocio sea exitoso.

También he separado su papel como empleados míos de nuestra relación como padre e hijo, o cualquiera que pueda ser la relación. Cuando trabajamos y nos enfocamos en el negocio, entonces no estamos hablando del nuevo auto de su primo o quién fue expulsado de su programa favorito la noche anterior. Y cuando tenemos una cena familiar, un evento especial o vacaciones, entonces no vamos a hablar de trabajo.

Cuando emplee a familiares, deje claro de antemano que sus responsabilidades de trabajo probablemente cambiarán con el tiempo, y que su puesto puede ser eliminado dependiendo del ritmo de ventas, el clima económico y otras variables en el negocio. Pídales que no hablen a sus espaldas de problemas en el trabajo con otros familiares fuera del negocio, lo cual significa desde luego que usted se compromete a hacer lo mismo. Intenten recordarse mutuamente que su relación está antes que sus roles, de modo que si está claro que uno tiene que cambiar, los dos saben de antemano que será el rol.

Me gustaría advertirle que piense cuidadosamente antes de contratar a un familiar y se asegure de que los beneficios potenciales valen la pena el riesgo. Nunca incluya a un familiar solamente para tener una solución a corto plazo para sus necesidades de personal; para eso están las agencias de trabajo temporal. Una vez más, se estará preparando para quedar defraudado y dañar potencialmente su relación por algo que no vale la pena.

Cuando funciona bien y el negocio prospera, no hay nada mejor que compartir su alegría, al igual que sus beneficios, con la familia. La otra cara de la moneda, sin embargo, también es cierta. No hay mayor amenaza para matar su pasión, propósito y beneficios que cuando el negocio se interpone entre seres queridos. Por lo tanto, no se arriesgue a perder a las personas que quiere y que están motivadas para compartir su éxito si usted, o ellos, tienen alguna reserva.

Lo que realmente quieren

La relación que usted establece con sus clientes finalmente determinará si su negocio vuela o no. Ellos son la vida de su negocio, y pueden incluso influir de modo dramático en su salud y rentabilidad general. Y debe usted entender que está vendiendo y proporcionando mucho más que su producto o servicio. Como ya hemos hablado, está resolviendo un problema para su cliente. Le está vendiendo una solución, simple y sencillamente.

En muchos casos, usted no solo está resolviendo sus problemas sino también proporcionando algo intangible que ellos quieren o necesitan. Recuerdo haber comprado una vez en una lujosa tienda de ropa para hombres en Nueva York. El gerente, que resultó ser también el dueño, era absolutamente perfecto en ayudar a los clientes. Era atento sin sobrepasarse, útil sin ser avasallador, sincero en sus opiniones independientemente de cómo podrían afectar a una posible compra. Ya sea que estuviera esperando a un obrero de la construcción vestido con un overol sucio, un banquero de Wall Street, o una mamá de los suburbios comprando para su hijo adolescente, el dueño trataba a todo el mundo con cortesía, respeto e interés genuino.

Después de mirar y observarlo en acción, elogié su actitud y su conducta, y le pregunté sobre el secreto de su éxito. Él sonrió y dijo: "Con cada cliente, me pregunto a mí mismo lo que puedo hacer para asegurar que tenga una experiencia agradable que le haga querer regresar. Incluso si no compran nada hoy, ¿cómo pudo influenciarlos para que regresen cuando necesiten comprar algo aquí en el futuro? Obviamente, no es lo mismo para cada cliente, de modo que la verdadera clave es *escuchar* y *participar* con todo lo que cada cliente me dice que necesita".

Este caballero tenía toda la razón. En su negocio, algunos clientes entran y compran un traje, pero lo que realmente están comprando es confianza para esa entrevista de trabajo que tendrán. El hombre de negocios más mayor que busca nuevos gemelos y corbatas en realidad está buscando una manera de mostrar que lo ha logrado. La mujer que compra calcetines y ropa interior para su esposo no está allí para comprar calcetines y ropa interior; está allí para mostrar a su hombre cuán especial es, lo mucho que ella reconoce y aprecia su singularidad. Si ella solo quisiera calcetines y ropa interior para él, ¡podría ir a cualquier tienda en el centro comercial!

El gerente en esa tienda de hombres entendía la psicología de su clientela en particular. Entendía que no solo es importante la calidad de la mercancía para las personas dispuestas a pagar más por ropa y accesorios de hombres, sino que la atmósfera y la experiencia también deben ser atractivas. A todo el mundo le gusta que le traten como una persona de valor y le respeten como ser humano.

Todos hemos estado en tiendas, almacenes o restaurantes donde nos sentimos tratados mal o descuidados. ¡Y la mayoría de nosotros no hemos regresado!

Si escucha a sus clientes y participa en lo que ellos quieren realmente de su negocio, entonces crecerá. No tiene que hacer un cambio basándose en las sugerencias de cada cliente, pero debería considerarlo. Incluso si lo que pide un cliente es demasiado caro, demasiado irrealista o demasiado imposible, escuche el mensaje que hay detrás de su petición. ¿Qué hay detrás de su petición o sugerencia? ¿Qué es lo que quieren en realidad? ¿Más valor para su dinero, precios más bajos, mejor servicio, o una ubicación más conveniente, o más horas de compra? Algunos clientes solamente quieren que les escuchen, ser reconocidos por tener una opinión.

Carrera hasta lo más alto

La relación final que debe cultivar es con sus competidores. Muchos emprendedores pasan por alto esta crucial relación, suponiendo erróneamente que como están compitiendo por los mismos clientes deberían evitar cualquier tipo de relación. Como dice la vieja frase: "Mantenga cerca a sus amigos y más cerca aún a sus enemigos".

Aunque los competidores no son sus enemigos, sigue siendo importante conocerlos y observarlos de cerca. En muchos aspectos, tener competencia le fuerza a realizar su mejor juego y no retener nada. Ver el modo en que otros mercadean, promueven y venden sus productos y servicios, con frecuencia puede inspirarle también a usted. Coca-Cola y Pepsi se necesitan el uno al otro para estirarse y esforzarse por superar al otro en ventas. Sucede algo parecido con McDonald's y Burger King, Walmart y Target, Apple y Samsung.

No recomiendo simplemente imitar lo que están haciendo sus competidores, pero aprender de sus métodos y sus errores con frecuencia puede ahorrarle valioso tiempo y dinero. Saber lo que les gusta a los clientes sobre su atención al cliente, los envíos o las devoluciones puede ayudarle a ajustar y mejorar sus propios sistemas. Cuando usted conoce a sus competidores, entonces también puede ser más concreto en lo que le destaca entre ellos. Puede intentar ofrecer un enfoque distintivo, un producto patentado, o un servicio único que otros negocios parecidos no ofrecen.

Si se acerca a otros emprendedores similares con cortesía y respeto en lugar de hostilidad y envidia, podría sorprenderse por cómo pueden ayudarse mutuamente. Todo negocio necesita ser capaz de referir los clientes a otro similar algunas veces cuando haya alcanzado su capacidad o no pueda servir a sus clientes. Yo siempre estoy especialmente agradecido cuando un restaurante o un hotel me hacen otra sugerencia comparable cuando ellos no pueden aceptar mi reserva para la fecha y el tiempo que necesito.

Podría parecer un extraño tipo de atención al cliente, pero verdaderamente funciona a su favor porque usted sigue siendo útil para un posible cliente. Si no puede servirle con su negocio, entonces al menos puede ayudarle con su actitud e información. Podría recordar en la película clásica *Milagro en la calle 34* el modo en que Santa Claus, empleado por los almacenes Macy's durante la temporada navideña, refiere a mamás ocupadas a otras tiendas para que encuentren los mejores precios en juguetes. Al principio, Santa Claus es despedido por perder a posibles clientes, pero entonces la actitud desprendida y la buena voluntad generada por esas referencias demuestran ser un brillante movimiento promocional. Cientos de nuevos clientes acuden a la tienda, deseosos de apoyar a una tienda que aparentemente está más comprometida con el espíritu de la Navidad que con el beneficio.

Construir relaciones sólidas con sus competidores y otros emprendedores también puede ayudarle cuando llegue el momento de ampliar, ajustar o vender su negocio. ¿Cuántas fusiones han tenido lugar entre compañías rivales que unieron fuerzas para convertirse en un gigante en su industria? Dependiendo de los cambios y los avances en su producto o servicio, también puede descubrir que el campo de juego se amplía tan rápidamente que hay espacio más que suficiente para numerosos competidores.

Tan solo veamos el número de compañías de teléfonos celulares que trabajan en estos tiempos. Cuando la tecnología del teléfono celular era nueva, solamente un par de empresas se ocupaban de la mayoría de consumidores; pero a medida que la tecnología se vuelve menos cara y más accesible, hay espacio para que más compañías se dirijan a los millones de usuarios en cualquier zona, región o país. Y como resultado, el servicio generalmente ha mejorado para todos los clientes.

La competencia también puede ayudarle a ampliar su red y extender su alcance hacia nuevos barrios y comunidades, construyendo relaciones que pueden apoyar y sostener su negocio mucho después de que esté en el aire. Y si usted quiere volar, sus relaciones empresariales deben ampliarse más allá de sus clientes, empleados, compañeros de trabajo y competidores.

Para alcanzar nuevas alturas, necesitará cultivar relaciones en un amplio espectro de empresas profesionales y personales. Si se relaciona solamente con personas que hacen lo que usted hace, compran lo que usted vende, y tienen lo que usted tiene, entonces no hay ninguna oportunidad para que su química se prenda y sea un catalizador para nuevas maneras creativas. Podría usted vender su trapeadora o peluca nueva y mejorada, pero no tendrá la tripulación de vuelo necesaria para aterrizar, repostar y continuar hacia su destino final de éxito.

Yo he sido inspirado en mis prácticas de negocio al ver a mujeres nativas en Nairobi tejiendo cestas, a aborígenes australianos fabricando boomerangs, y a vendedores en las aceras en Times Square vendiendo imitaciones. También he tenido la bendición de encontrarme con una población amplia y diversa de pensadores creativos, artistas, líderes, ministros, inventores e innovadores. A primera vista, su campo de estudio o línea de trabajo puede parecer que no tiene nada en común con mis proyectos, pero cuando comenzamos a hablar y comparar notas, mi mente comienza a trabajar en nuevas direcciones y buscar características transferibles y métodos parecidos. Mantenerme abierto a un amplio cuerpo de relaciones me permite renovar mi creatividad y afilar mis habilidades para resolver problemas.

Si quiere ser un emprendedor exitoso, ¡usted es el conjunto de personas que conoce!

CAPÍTULO 8

Lo que sube, debe bajar

Liderazgo empresarial 101

Comience con el final en mente.
—Stephen R. Covey

En la secuela de la devastación que hemos llegado a conocer como el 11 de septiembre, circuló un rumor persistente acerca del entrenamiento de vuelo que recibieron los terroristas aquí en nuestro país. Aparentemente, varios de ellos se habían matriculado en escuelas de vuelo aquí en los Estados Unidos como parte de su subterfugio encubierto. Poco después de que transformaran cuatro aviones de pasajeros en armas de destrucción masiva aquel fatídico día en septiembre, surgieron reportes de que los terroristas habían solicitado clases de pilotar aviones pero no de aterrizaje. Debido a que sabían cómo terminaría su horroroso secuestro, no había necesidad de entender la logística que conlleva el aterrizaje de aviones de pasajeros que ellos planeaban dirigir.

Aunque esta alegación nunca se ha verificado de modo indisputable, de todos modos hace hincapié en un punto esencial en nuestro entrenamiento de vuelo como emprendedores: la importancia de saber cómo aterrizar su avión antes del despegue. Esta capacidad de ver el cuadro general y controlar el proceso todo lo posible es fundamental para ser un líder emprendedor. Es lo que separa a quienes no llegan al éxito de aquellos que sencillamente alcanzan cierta altitud y navegan con el piloto automático.

Mire, no es suficiente con hacer despegar del suelo su nuevo proyecto; debe determinar dónde, cuándo y cómo quiere hacer regresar esta máquina voladora a la tierra. Incluso si cambia su ruta de vuelo en el camino, necesita saber qué hacer con lo que construye; de otro modo, estará destinado a estrellarse contra cualquier obstáculo que surja para interponerse en su camino hacia el éxito.

Comenzar en el final

Quizá le sorprenda que le digan que piense en la evolución de su proyecto mientras sigue estando en sus primeros pasos, pero debe extender su visión desde el principio para que incluya el resultado maduro que espera cumplir. Pensar bien en la conclusión de esta historia épica que está escribiendo parece imposible en este punto, porque aún hay que determinar muchas variables de su éxito. Y aunque es cierto que se encontrará con muchos altibajos que deben evaluarse e integrarse a lo largo de su vuelo, de todos modos debe hacer todo lo que esté en sus manos para prepararse para el futuro aterrizaje que espera asegurar.

¿Es este nuevo negocio uno que espera dejar a sus hijos o a sus nietos, o es para venderlo y liquidarlo después de diez años? ¿Espera que lo compre un gran conglomerado de la competencia, o está soñando con llevar al mercado público su empresa privada vendiendo acciones a inversores globales? ¿Está motivado a lanzar esta empresa complementaria para complementar su jubilación, o quiere algo en lo que invertir su imaginación y beneficiarse de los años de experiencia que tuvo al trabajar para otra persona? ¿Quiere una sociedad pasiva que garantice fondos en la jubilación, o prefiere una gran suma en este momento?

Saber lo que espera, imagina, quiere y le gustaría que sucediera es crucial para saber cómo construir su visión desde cero. Teniendo en mente cierto sentido de su pista de aterrizaje futura, puede tomar muchas otras decisiones con mucha más precisión, eficacia e intencionalidad. De hecho, comenzar con el final en mente tomará por usted muchas de sus decisiones.

Por ejemplo, de mis tratos con bienes inmuebles he aprendido que muchos inversores comprarán una propiedad sabiendo que su intención es cambiarla: renovarla, remodelarla y rediseñarla antes de volver a venderla obteniendo un beneficio. Estos inversores por lo general ignoran sus propios gustos personales y preferencias de estilo en favor de colores y decoración más genéricos y neutrales. Quieren que su propiedad sea atractiva para el mercado de consumidores más amplio posible.

También escogen materiales de un precio más modesto para mantener bajos los costos. A veces incluso pueden comprar elementos fijos, terminaciones y muebles con un costo más bajo al mayoreo para utilizarlos para varias propiedades, no solo una. Como conocen su meta y su línea de tiempo, no sobrepasan el presupuesto en elementos de diseño caros y distintivos que serían atractivos solamente para un puñado de compradores. En cambio, están planeando que su proyecto aterrice de una manera que les permita abandonarlo con la máxima rentabilidad de su inversión.

Otro beneficio de anticipar posibles problemas antes de que se desarrollen es que tenga establecida una solución de procedimiento en caso de que surjan. Cuando hago contratos con los muchos vendedores y subcontratistas que algunas veces utilizan mis empresas, me aseguro de que incluyamos una clara cláusula de arbitraje por si hay alguna desviación. Incluimos estas cláusulas de desvinculación mientras que todo el mundo es amigable y está entusiasmado con nuestra colaboración, porque sabemos que puede resultar muy desafiante la comunicación cuando se producen conflictos y estamos en desacuerdo.

Por esa misma razón, muchas parejas firman acuerdos prenupciales antes de recorrer el pasillo y atar el nudo del matrimonio. Saben que es más fácil establecer reglas prácticas para disolver su unión mientras siguen teniendo brillo en sus ojos antes de esperar a que los extraterrestres del enojo, los celos y la infidelidad aterricen bruscamente en su planeta antes perfecto.

Con su proyecto, piense en cómo querría abandonar el negocio de manera ideal. Si su nombre está en el negocio o muy relacionado con él, ¿está dispuesto a permitir que se use su nombre después de vender? ¿Y qué sobre su imagen? Muchos proyectos exitosos venden su nombre o compran los derechos para asociarse con otra empresa y que sus nombres y marcas queden relacionados.

Esto sucede con frecuencia en el mundo de los deportes profesionales. No hace mucho tiempo, estaba yo emocionado por tener una oportunidad de charlar con Randall Stephenson, presidente y director general de AT&T, y escuchaba mientras él compartía pedazos de sabiduría que yo estaba deseoso de aprender. A medida que discurría la conversación, él mencionó los "derechos de nombre" que había adquirido de otro icono de los negocios con base en Dallas, el famoso Jerry Jones, para el estadio que Jerry construyó como hogar para los Cowboys. El edificio sigue siendo el mismo pero el nombre corporativo produce una nueva conciencia para AT&T y fortalece también la influencia del estadio.

Meditar en cómo manejará asuntos como los derechos de nombre, eslóganes de mercadeo y productos patentados cuando lance su nuevo proyecto puede ahorrarle considerable tiempo, energía y dinero más adelante en caso de que surjan oportunidades o conflictos. En muchos casos, anticipar lo que podría ir mal antes de que suceda le permite evitar incluso que surjan algunos de esos conflictos. Si sabe que batalla con ser organizado y mantener buenos reportes, entonces asegúrese de contratar a profesionales para que le ayuden en esas áreas de debilidad personal. Si tiene un don para inventar nuevas líneas de producto pero batalla con el mercadeo, encuentre maneras de compensar y aliviar este reto.

Independientemente de lo que conlleve su sueño, si quiere que ascienda y alcance nuevas alturas, debe considerar cómo bajará al final. Ver el arco completo de la trayectoria de su proyecto le permite maximizar las oportunidades para el éxito que pueden surgir a lo largo del camino. De otro modo, todo su esfuerzo quizá solo le prepare para un terrible accidente.

¡Solo porque sepa elevarse no significa que esté listo para volar!

Las patentes requieren paciencia

Los hermanos Wright conocían esta verdad esencial del liderazgo emprendedor. Una vez que pudieron hacer que su avión despegara, siguieron refinando a su viajero alado estabilizando su lanzamiento, mejorando el control, y probando la manejabilidad. De hecho, cuando los hermanos Wright finalmente lanzaron su máquina voladora en Kitty Hawk, no respondieron del modo que se podría esperar; no hubo conferencias de prensa, grandes titulares ni celebraciones públicas. En cambio, ellos demostraron el tipo de liderazgo, inteligencia, estrategia y momento oportuno que todo emprendedor necesita. Mantuvieron en mente su meta final: no solo volar sino también maximizar el máximo potencial de su invención.

Sabían que su máquina aún no estaba lista para volar, de modo que tras su éxito inicial en 1903, Orville y Wilbur regresaron a su casa familiar en Dayton, Ohio, y comenzaron a probar versiones nuevas de su aeroplano en un remoto pastizal para vacas conocido como la Pradera Huffman. Sin tener las fuertes corrientes de viento de la costa de Carolina para dar potencia a su avión, estos ingeniosos hermanos construyeron una catapulta gigante para crear el mismo efecto. Aunque sabían que podrían haber vendido entradas y haber hecho exhibiciones que batieran récords, en cambio decidieron trabajar en un relativo anonimato porque no querían que otros copiaran sus diseños.

Incluso después de solucionar los problemas y llegar a un modelo práctico y regular en 1905, los Wright llevaron aparte su avión, lo embalaron y lo guardaron, ¡durante más de dos años! Querían asegurar la patente para su máquina voladora, lo cual a su vez les permitiría vender su invención. Mientras esperaban a que llegara la patente, comenzaron a probar discretamente las aguas en busca de posibles compradores de esta nueva tecnología.

Cuando les dieron la patente en 1906, los hermanos Wight, imaginando las muchas posibilidades para usos militares de su invención, organizaron demostraciones para los gobiernos de los Estados Unidos y Francia. Las negociaciones fueron particularmente delicadas porque los hermanos se negaron a demostrar el funcionamiento de sus aviones sin tener primero contratos. Los dos gobiernos, desde luego, se negaron a ofrecer contratos sin ver antes lo que estaban comprando. Lo que podría haber sido un punto muerto que rompiera la negociación se convirtió en una oportunidad de construir confianza. Ambas partes se comprometieron por contrato a no rescindirlos hasta después de que los oficiales hubieran visto ellos mismos la nueva máquina voladora.

Después de haber acordado mutuamente las negociaciones, Orville fue a Arlington, Virginia, mientras que su hermano mayor, Wilbur, viajó por barco para hacer la demostración en Le Mans,

Francia. Era la primera vez que se separaban desde el principio de la búsqueda de su sueño, pero era necesario, ya que cada uno tendría que pilotar su invención delante de estas dos audiencias tan vitalmente importantes. Las circunstancias y los patrones meteorológicos obraron contra ellos en ambas demostraciones, pero al final demostraron su valía y el mundo entero tomó nota. De repente, dos dueños anónimos y tranquilos de una tienda de bicicletas de Dayton, Ohio, eran las primeras celebridades internacionales del siglo xx.

Volar bajo

El proceso de los hermanos Wright tiene mucho que enseñarnos sobre cómo comenzar con el fin en mente. Junto con su intensa pasión por inventar una máquina voladora había una astuta sensibilidad empresarial. Ellos sabían que ciertas partes del proceso debían anteceder a otras, y siguieron pacientemente un calendario sincronizado.

Hoy día, cuando alguien comienza una nueva empresa o inventa un nuevo aparato, la persona inmediatamente escribe un tweet, lo sube a las redes, y convoca una conferencia de prensa. Los emprendedores del siglo xxi saben que necesitan difundir la noticia y captar la atención de sus posibles clientes para que el negocio despegue de tierra. En nuestro mundo que está en línea las veinticuatro horas del día y todos los días de la semana, tienen que aprovechar cada oportunidad para comunicar su mensaje con toda la frecuencia posible si esperan tener alguna oportunidad de penetrar en el mercado y captar la atención pública.

Pero le aconsejo que considere cuándo es el momento para lanzar sus anuncios. No querrá comenzar un incendio viral que pueda apagarse antes de que su negocio pueda avivar sus llamas con éxito.

Muchos nuevos emprendedores fracasan porque se enfocan en la promoción y el mercadeo de su nuevo proyecto más que en probar y mejorar el negocio en sí.

Como alguien que piensa que está enamorado porque está encaprichado con la idea de estar enamorado, estos individuos no están tan apasionados por su producto o servicio ¡como lo están simplemente por ser un emprendedor! Suponen que conseguir que su nombre llegue ante los ojos de todo el mundo los convierte en un líder exitoso.

Con frecuencia, impulsados por su ego, estos tipos son todo chisporroteo y nada de sustancia, y los clientes no necesitan mucho tiempo para descubrir eso. Estos pilotos en potencia estrellan de modo inconsciente y prematuro sus oportunidades de volar porque no toman tiempo para asegurarse de que sus motores puedan viajar a las velocidades necesarias para altitudes elevadas. Los buenos pilotos saben cómo calentar los motores de su avión y después estabilizan el vuelo a altitudes más bajas antes de elevarse a más altura. Saben cuándo llega el momento de pensar en el aterrizaje y encontrar una pista abierta.

Los mejores emprendedores se enfocan inicialmente en su producto y su proceso más que en su promoción. Hacen pruebas de mercadeo y reclutan la ayuda de grupos de enfoque, prestando mucha atención a las respuestas que reciben. Entonces exploran sus redes de trabajo, buscando individuos clave que les aconsejen sobre qué cambios hacer y cómo. Saben que no deben tomarse a pecho cada crítica, y en cambio encuentran un modo de integrar la retroalimentación del cliente a la vez que mantienen la integridad de su producto o servicio único. Consideran los reveses como oportunidades para mejorar y recalibrar las coordenadas para su destino.

A veces, esas lecciones aprendidas al principio en el lanzamiento de su proyecto pueden volverse elusivas a medida que usted crece con su éxito. Mi amigo Tyler Perry sabe eso de primera mano, y me dijo que recientemente hizo una gira con una nueva obra porque quería experimentar la sincera respuesta de la audiencia a nuevos personajes, tramas y diálogos.

Llevar el espectáculo de gira le dio la oportunidad de comprobar el pulso de su audiencia al estar conectado con ellos de la manera en que solo se logra con las representaciones en directo. ¡Fue como tener un inmenso grupo de enfoque cada noche!

Por lo tanto, recuerde que nada de lo que haga en el proceso de perseguir su destino emprendedor quedará desperdiciado. Quizá no vea cómo algunos de sus primeros errores y traspiés pueden ayudarle, pero son esenciales para su éxito final. Aprender mientras lidera determina el tipo de líder que llegará a ser.

La emoción de la caza

Recientemente charlé con un grupo de nuevos emprendedores, todos ellos de la generación de los mileniales. Siempre estoy intrigado por oír de la siguiente generación de innovadores, artistas e inventores, y este grupo no era una excepción. Mientras seguimos conversando, sentí su frustración con el lento proceso de rentabilidad y su falta de visión general con respecto a donde querían aterrizar finalmente con sus nuevos proyectos. Ellos sabían que querían tener éxito, pero su visión desde la cabina seguía siendo borrosa.

Cuando comenzaron a describir varios proyectos que estaban atascados o que se frustraron, tuve la sensación de que se cuestionaban internamente las direcciones donde les estaban llevando sus pasiones, y contemplando estrategias de salida en busca de otras opciones de carreras profesionales. En otras palabras, ¡estaban pensando en aterrizar sus aviones cuando apenas habían despegado de la tierra!

Por lo tanto, les pregunté: "¿Qué es lo que realmente quieren en este momento? ¿En realidad quieren dejar de hacer lo que saben que les gusta? ¿Qué les podrían estar diciendo estos diversos reveses sobre lo que necesitan hacer a continuación?".

Una joven, vocalista y productora talentosa, hizo una pausa para pensar y después dijo: "¿Sabe lo que quiero realmente? Quiero que me respeten y me tomen en serio. Quiero poder llamar a otros artistas y que escuchen mi visión creativa para su siguiente álbum o sencillo extendido. Quiero que otros productores y ejecutivos de medios de comunicación me den una oportunidad".

El resto del grupo asentía con la cabeza mientras un brillante técnico de juegos añadió: "Es como cuando yo era un muchacho y quería que me vieran y me tomaran en serio como hombre. Quería irme de los extremos donde estaban los niños para ir a sentarme con los adultos alrededor de la fogata".

Me encantó su metáfora, y al instante prendió mi revelación acerca del problema. "Les escucho", dije. "De veras que les escucho". Ya tenía toda su atención. "Pero ahora, ¿saben qué? Nadie pasa de ser un muchacho a ser un hombre solamente por sentarse al lado de los hombres que están alrededor de la fogata. No se puede pasar saltando de ser una muchacha a convertirse en mujer solamente por ponerse maquillaje y un traje de ejecutiva. Ser tomado en serio como líder funciona del mismo modo. No se puede simplemente desempeñar un rol y vestirse para el papel. ¡Hay que ganarse ese derecho!".

Pasé a explicar que el liderazgo maduro no se trata en realidad sobre llegar a una edad cronológica en particular, tanto como se trata de hacerse responsable de su propia vida, su negocio, y salir a cazar por sí mismo. Cuando dejamos de confiar en otros, culpamos a otros, o esperamos que otros salgan a cazar y nos traigan lo cazado para que lo comamos, entendemos que tenemos que salir a cazar y matar por nosotros mismos. No nos quejamos por lo que nos falta, ni permitimos que los reveses se interpongan en el camino de encontrar un modo de hacer que nuestros sueños se cumplan. *Simplemente lo hacemos.* Cuando hemos cazado algunos acuerdos por nosotros mismos, entonces nos hemos ganado la confianza y la experiencia necesarias para ir tras una presa mayor. Nos hemos ganado el respeto de los demás y hemos mostrado que podemos manejar las presiones y los problemas inherentes en ser un líder de nuestro propio negocio. Demostramos que sabemos hacia dónde vamos y que hemos pensado en cómo aterrizar nuestro avión. Otros líderes y emprendedores están dispuestos entonces a ayudarnos, guiarnos y ser nuestros mentores porque saben que la inversión de su tiempo y su sabiduría no regresará vacía.

No puede usted esperar que le consideren un empresario exitoso o un líder con experiencia hasta que haya ido más allá de la emoción de la caza. Los cazadores no solo tienen que saber lo que están buscando, dónde encontrarlo y cómo derribarlo; también tienen que saber cómo despellejarlo, prepararlo y cocinarlo si quieren sobrevivir y sostener su propia vida. Con el tiempo, desarrollando las sensibilidades y las respuestas necesarias para el éxito a largo plazo.

De manera similar, los emprendedores decididos a volar no solo hacen lo que es necesario para que su avión despegue de tierra, sino que también hacen lo que es esencial para mantenerlo en el aire y aterrizarlo con seguridad cuando llegue el momento adecuado. Saben que volar requiere que el piloto esté dispuesto a aparecer cada día y pueda guiar confiadamente el avión hacia el destino final del éxito.

Sin importar qué tipo de meteorología, turbulencia o pasajeros inesperados lleguen a su camino, también usted debe permanecer en la cabina y mantener sus manos firmemente en los controles. Debe comprometerse más allá de los impedimentos iniciales que se producirán inevitablemente en los primeros tiempos de su proyecto. ¡Debe continuar su vuelo hasta el final!

Las tres T del éxito

Intenté no castigar a esos jóvenes emprendedores o parecer crítico mientras compartía mis ideas sobre su situación. Intenté alentarlos ayudándolos a ver que los baches que están encontrando son partes normales del proceso y muy necesarios para su crecimiento y madurez como emprendedores y como líderes. Les recordé que lo mismo es cierto de los negocios, también de nuestro carácter y también de nuestra fe espiritual. La Biblia nos dice: "nos regocijamos…también en nuestros sufrimientos, porque sabemos que el sufrimiento produce perseverancia; la perseverancia, entereza de carácter; la entereza de carácter, esperanza" (Romanos 5:2-4).

Hice hincapié en que el problema no era el modo en que otros los consideraban sino el modo en que se consideraba a sí mismos. Mientras más cacen, vuelen, o cualquier otra metáfora que queramos utilizar, más serán observados por otros en sus campos y en campos distintos. En lugar de abandonar y probar alguna otra cosa, necesitaban relajarse y profundizar. La perseverancia refina nuestro carácter y nos hace ser líderes más fuertes y más sabios. Refleja nuestra capacidad de comenzar con el fin en mente.

Muchos hombres y mujeres jóvenes comparten los sentimientos expresados por este grupo con respecto a sus proyectos emprendedores. Al haber crecido en la era de la Internet, están acostumbrados a emprendedores, muchos de los cuales son sus iguales, que tienen éxito de la noche a la mañana como sensaciones virales con millones de visionados. Tienen amigos que ni siquiera intentan vender cualquier cosa que acumula seguidores en las redes sociales por cientos de miles. Ese éxito instantáneo parece suceder de modo mágico sin tener que pasar por la fase de esperar, observar, y tener preguntas que la inmensa mayoría debe experimentar.

Es como los programas de cocina que vemos en televisión. El chef famoso comparte su receta y nos dirige en el proceso de preparar su plato solamente en diez minutos. Mágicamente, las verduras ya están cortadas, la mantequilla ya está a temperatura ambiente y, desde luego, su cocina perfectamente equipada está limpia y muy bien organizada. Y poco después de meter la bandeja al horno, le vemos dando un bocado del plato completamente cocinado.

Aunque sabemos que ya tenía preparado ese plato terminado con antelación, junto con mucha ayuda de su equipo de producción, creemos que nosotros seríamos capaces de cocinar el mismo plato con la misma rapidez y facilidad. Me temo que los mileniales han tenido con frecuencia esa misma mentalidad de plato perfecto con sus carreras profesionales y nuevos proyectos. Cuando batallan o los demás no los reconocen de inmediato por su talento, se impacientan, se sienten frustrados o poco respetados.

Si perseveran, sin embargo, gradualmente comprende que el éxito requiere talento, tiempo y tenacidad: las tres T del éxito.

Poder en el proceso

Hay otra razón por la que perseverar y aprender a solucionar problemas es tan esencial para el éxito de un emprendedor. Este proceso de crecer en experiencia fortalece nuestra capacidad para ver hacia dónde vamos y ajustar el rumbo tal como sea necesario basándonos en condiciones variables para asegurar que el destino permanezca a la vista. La mayoría de facetas de la sabiduría solamente pueden entrar en nuestras facultades mediante la experiencia. Sencillamente no hay atajos para el éxito.

Es como aprender a conducir un auto. Podemos leer un libro de texto, estudiar el manual del usuario, e incluso aprobar un examen escrito. Pero hasta que nos sentemos detrás del volante, es imposible que sepamos exactamente cómo deberíamos aplicar ese conocimiento. Quizá conozcamos todas las normas de tráfico, ¡pero nunca llegaremos a nuestro destino sin pisar el acelerador! La experiencia también nos fuerza a saber responder a condiciones diversas e inesperadas. Enfocarse en la promoción y el mercadeo demasiado temprano es lo que sucede con muchos nuevos emprendedores porque son incapaces de mirar adelante y anticipar múltiples resultados. Quedan encerrados en su destino con una sola ruta en mente, y cuando esa ruta es obstaculizada, no saben cómo recalibrar el curso.

Los pilotos experimentados saben que deben ajustar el curso todo el tiempo, a veces como respuesta a tormentas o un fuerte aire, y otras veces debido a tráfico pesado de otros aviones en su espacio aéreo compartido. Solamente porque cambien el curso no significa que pierdan de vista su destino. Siguen llevando a sus pasajeros a Nueva York, Hong Kong o San Paulo, pero van a improvisar, adaptarse y ajustarse basándose en los cambios.

El cambio nunca debería sorprender a un emprendedor; debe anticiparse para así poder evitar problemas que le ralentizarían, y aceptar oportunidades para el crecimiento. Los nuevos emprendedores quizá sean ingenuos o demasiado inexpertos para entender que su visión debe extenderse hacia delante todo el camino hacia su destino, el éxito de su negocio, y después trabajar hacia atrás. Pensar primero en el resultado final que usted quiere le permite considerar posibles dificultades y obstáculos que podrían desalentar su impulso e impedir el crecimiento de su empresa.

Cuando mira hacia dónde quiere ir, puede determinar de modo más preciso la mejor ruta para llegar hasta allí. Digamos que su destino es Sídney, Australia, partiendo desde Norteamérica. Sabiendo que ese es su punto de partida, sabe que puede ir en avión o tomar un barco, lo cual a su vez afectará mucho el momento de su llegada. Cuando haya escogido su medio de transporte, entonces puede establecer una ruta. El que sea directa o requiera varios trasbordos también afectará su ritmo y momento de llegada.

El éxito para su negocio es lo mismo. Aunque a todos nos gustaría explotar de la noche a la mañana y tener un éxito de locura que esté por encima de nuestros sueños más osados, sencillamente eso no es probable o factible para la inmensa mayoría de emprendedores. Sí, a veces sucede, en gran parte gracias a las redes sociales y la tecnología, pero esas historias de éxito son excepcionales, y no la norma. Cuente con cultivar su nuevo proyecto con el tiempo, sabiendo que tiene mucho que aprender mediante este proceso de experiencia, madurez y crecimiento.

¡Su poder para llegar a su destino radica en el proceso!

Espacio para crecer

Los emprendedores que se convierten en líderes en su campo saben cómo responder y adaptarse a conflictos y calamidades, pero también saben cómo dirigir las variables sobre las cuales tienen influencia. Entienden al principio del proceso lo que tiene que suceder para llegar donde quieren ir, y trabajan en consecuencia en esa dirección. No tienen miedo a cambiar el tamaño o la forma de su avión a fin de agarrar las mejores corrientes culturales. Y no son demasiado orgullosos para aceptar consejos de otros que han volado antes que ellos.

Si diseña su avión sin dar espacio para crecer, será siempre un piloto en solitario. Muchas personas se acercan a mí y describen sus luchas para hacer crecer su negocio o ampliar su influencia. Pero cuando comienzo a hacerles preguntas, queda claro que han diseñado su negocio como algo que solamente ellos pueden controlar. Poco dispuestos a contratar a personas talentosas e invertir en las innovaciones de sus empleados para la empresa, estos pilotos en solitario crean un cuello de botella forzando a cada individuo, cada equipo y cada departamento a tener su aprobación antes de poder hacer nada. Lo cual, en esencia, significa que este emprendedor dirige un negocio de una sola persona, ¡ya sea que no tenga empleados o tenga cientos!

Cuando usted mismo intenta producir todos los productos y determinar todas las decisiones para su empresa, puede que disfrute de una pizca de éxito, pero nunca volará. Sus proyectos profesionales quedarán contenidos por sus limitaciones personales. Quizá sepa cómo crear ciertos productos u ofrecer servicios particulares, pero no sabrá cómo inspirar a otros a acompañarlo ni cómo liberarlos hacia mayores alturas. Está bien formar una banda de una sola persona, y puede producir música bastante buena de esa manera; pero nunca podrá componer y tocar una sinfonía estupenda debido a su incapacidad o indisposición a capacitar y dirigir a una orquesta.

La independencia por sí sola es ineficaz. En su libro *Las 21 leyes irrefutables del liderazgo*, el icónico gurú de los negocios John Maxwell hace hincapié en que el liderazgo se afirma sobre la influencia. Aplicando este axioma a los emprendedores, está claro que el liderazgo no puede ejercerse en aislamiento. Su influencia necesita ser ejercitada diariamente. Los negocios pequeños necesitan clientes leales que regresen repetidamente para mantenerse. Cuando comience a contratar a empleados o a subcontratar partes de su proceso, necesitará también a estos participantes.

La influencia emprendedora no se trata tan solo de hacer un lanzamiento o terminar una venta. Se trata del modo en que usted mismo posiciona su marca, se promociona y anuncia sus productos y servicios. Este tipo de influencia queda reflejada en sus relaciones y el modo en que interactúa y llega a integrarse dentro de su comunidad. El liderazgo emprendedor se mide en definitiva por su capacidad de influenciar a quienes le rodean de maneras constructivas, regulares y coherentes.

Y déjeme recordarle que este tipo de influencia es mucho más profunda de lo que parece. Es no solo el mensaje que usted comunica sino también el modo en que lo comunica. Quizá lo más importante para muchos nuevos emprendedores, el verdadero liderazgo requiere capacidad de respuesta. Necesita escuchar activamente y observar profundamente a todos los que le rodean y el modo en que interactúan con usted.

No llegará a controlar lo que confronta, pero sí controla su respuesta a ello. Quizá necesite practicar la paciencia y cultivar la autodisciplina a fin de no ser irritado o distraído emocionalmente por problemas y personalidades. Tendrá que encontrar maneras de expresar su punto de vista sin minar su objetivo final. Esto significa mantener la calma en situaciones de mucha presión y no perder los estribos. Recuerde: ¡a veces lo mejor que puede decir es no decir nada!

Como emprendedor que dirige su negocio hacia el crecimiento y el éxito, también tiene que acostumbrarse a tomar decisiones rápidamente y sobre la marcha. No siempre tendrá el lujo de poder esperar un reporte muy detallado o terminar su diligencia usual. Y naturalmente cometerá errores a lo largo del camino, pero no permita que una mala decisión del pasado le impida actuar de modo decisivo la próxima vez que se enfrente a una decisión crucial.

Evitar turbulencias

Los pilotos experimentados saben cómo evitar turbulencias antes de sentirlas. Tienen la ventaja de la tecnología, desde luego, pero muchos de ellos también han aprendido a detectar señales basándose en la velocidad del viento, patrones meteorológicos y altitud. Los emprendedores que se convierten en líderes de negocio eficaces aprenden de modo similar a evitar ciertos problemas.

Una de las maneras más obvias en que los buenos líderes crean el mejor ambiente posible es evitando retos innecesarios. Las reacciones y la capacidad de respuesta se determinan con frecuencia por previsión y preparación. Me encantan los líderes que son capaces de evitar el caos manejando situaciones antes de que se conviertan en crisis declaradas. A pesar de lo sencillo que parece, con frecuencia implica pensar en las diversas posibilidades y permutaciones de procesos de su negocio.

Los emprendedores exitosos han aprendido a no planear un picnic en un bosque tropical, pero también saben que deben incluir su paraguas en la cesta del picnic en un día soleado. Pueden surgir tormentas cuando menos se espera. Es asombroso cuán fácilmente pueden evitarse algunos problemas si se han tomado algunas sencillas medidas de precaución.

Los líderes eficaces también mantienen algo más que una actitud positiva; cultivan una actitud constructiva. Podríamos preguntar: ¿cuál es la diferencia? En realidad es bastante sencillo. Las personas con una actitud positiva esperan lo mejor. Las personas con una actitud constructiva aprovechan al máximo lo que tienen a fin de acercarse hacia donde quieren estar. En esencia, es la diferencia entre planear y ejecutar, entre soñar y hacer.

Si quiere ser un emprendedor exitoso, sabe que quejarse, criticar y culpar no consigue absolutamente nada. Las personas que tienden a quejarse de los problemas en lugar de encontrar maneras de atravesarlos, en realidad no están hechas para ser emprendedores. ¡Y que el cielo le ayude si este tipo de personas son empleados suyos!

Si los miembros de su equipo siempre acuden a usted con problemas pero sin soluciones, puede que tengan títulos o bonitas oficinas, pero no son líderes. A veces, tales quejas pueden ser una señal de que usted no está delegando y confiando en ellos lo suficiente, pero otras veces enfocarse en lo negativo refleja una mentalidad pasiva. Tales individuos esperan que otros se hagan responsables de causar el cambio en lugar de ser ellos mismos quienes crean el cambio.

Yo he contratado a muchas personas para muchos proyectos que pensaban que yo les hacía subir a bordo para mantener nuestro nivel o estándar actual de servicio. Lo que no entienden es que si lo único que hacemos es mantener lo que tenemos, entonces no hay crecimiento. ¡Lo único que ellos ven es la guardería infantil y no la secundaria! El crecimiento requiere incluir a otros en su visión para dónde quiere llegar. Nadie se subiría a cualquier avión y esperaría aterrizar en su destino escogido. De modo similar, probablemente usted no se subiría a un avión dispuesto a permitir que el piloto le lleve donde él o ella quieran. No, queremos ser informados de nuestro destino y planear en consecuencia lo que se necesita para llegar hasta allí.

El crecimiento requiere cambios dinámicos. En raras ocasiones contrato a nadie simplemente para mantener un activo o que las cosas se queden donde están. Incluso si contrato a un jardinero para que repita el trabajo que hizo la temporada anterior, aun así tiene que considerar cómo han cambiado las condiciones en el terreno, el tiempo y la propiedad antes de poder comenzar a mejorar el paisaje y el aspecto general. Este principio también es cierto prácticamente en cualquier empresa, ya sea que comencemos un nuevo negocio, una nueva iglesia o una nueva familia.

En muchas parejas, una persona se queda satisfecha con mantenerse donde están mientras que la otra quiere ver algún nivel de progreso a cambio de su inversión en la relación. No hay nada peor que abandonar el suelo y dirigirse hacia las nubes ¡solo para darse cuenta de que sigue estando paralizado en su hangar! ¿Cómo llegará a volar su nuevo proyecto si está atado por la timidez de los individuos a quienes usted confía su mantenimiento y cuidado?

Aunque puede que no todos busquemos la mejora a la misma velocidad, estoy convencido de que todos lo deseamos. Estamos hechos para aumentar nuestras inversiones y mejorar nuestras condiciones en todos los niveles. Ningún piloto se propone no llegar a su destino y estrellarse en cualquier otro lugar. Quien planta una iglesia no se propone crear un santuario vacío. No se educa a un niño para que se quede en el nivel de primer grado. Un emprendedor no invierte su energía en una empresa con la intención de perder dinero.

¡Siempre aumentará la posibilidad de su éxito si piensa en cómo aterrizar antes del despegue!

CAPÍTULO 9

Fracasar rápido y estrellarse al final

Liderazgo empresarial 102

El fracaso es otro escalón hacia la grandeza.

—Oprah Winfrey

Era una fría y nublada tarde de enero como muchas otras en el ajetreado aeropuerto de LaGuardia en Nueva York. Dentro de la terminal, el vuelo 1549 de US Airways abordaba pasajeros para su vuelo casi completo, un total de 155 personas incluida la tripulación. Se dirigían hacia el aeropuerto internacional Douglas de Charlotte antes de cruzar el país hacia Seattle. Como la mayoría de los vuelos comerciales que salen de Nueva York, el vuelo 1549 incluía una mezcla de pasajeros profesionales y de negocios junto con individuos y familias que viajaban para visitar a parientes o reunirse con seres queridos en su hogar.

Debería haber sido un vuelo normal una tarde de jueves, pero mientras el avión rodaba por la pista, nadie a bordo podía imaginar lo que sucedería en los cinco minutos siguientes. Antes de que el avión alcanzara una altitud de tres mil pies, se encontró con una bandada inmensa de gansos de Canadá, los cuales bombardearon el avión con bastante fuerza para arrancarle ambos motores. Suspendido en el aire a solo unas pocas millas de Manhattan, ¡el ganso de pasajeros quedó frito!

Aterrizaje de emergencia

No fue una situación divertida, sin embargo, cuando el piloto y su copiloto entendieron que no tenían potencia suficiente para regresar a LaGuardia o al siguiente aeropuerto más cercano, el de Teterboro en Nueva Jersey. Tendrían que tomar una decisión inmediata, que determinaría si todos los que iban a bordo vivían o morían. El piloto, un caballero de cabello canoso de cincuenta y tantos años con el nombre de Chesley "Sully" Sullenberger, sabía que su única esperanza era un aterrizaje de emergencia sobre la superficie más suave y menos poblada que hubiera disponible. Tendría que hacer deslizar el avión en el río Hudson que tenían debajo (www.sully sullenberger.com).

Lo cual, como probablemente recordará, ¡fue exactamente lo que hizo! Con experiencia en pilotar planeadores y también aviones de combate en sus tiempos en las Fuerzas Aéreas, Sully sabía exactamente lo que hacía mientras dirigía el inmenso monolito mecánico, con la ayuda del Primer Oficial, Jeffrey Skiles, hacia un aterrizaje de emergencia controlado sobre la superficie del frío y turbio río Hudson. Con la ayuda de la tripulación, todos los pasajeros desembarcaron y fueron rescatados en minutos por equipos con botes lo bastante grandes para llevarlos con seguridad a la orilla.

Sully fue el último en salir del avión tras hacer una doble comprobación para asegurarse de que todos los demás habían bajado. Había sacrificado el avión pero salvó su carga más preciada. No hubo bajas, y solamente un puñado de heridos graves.

Considerando la tragedia que fácilmente podría haberse producido, los reporteros lo denominaron rápidamente el "Milagro en el Hudson" gracias al pensamiento rápido, la valentía y la destreza de Sully y su tripulación.

Más adelante, al reflexionar sobre cuánto de su experiencia profesional y personal le había ayudado para ese evento, Sully dijo: "Un modo de verlo sería que durante cuarenta y dos años he estado haciendo pequeños depósitos regulares en este banco de experiencia, educación y entrenamiento. Y el 15 de enero, el balance era suficiente para poder retirar una cantidad muy grande" (Bill Newcott, "Wisdom of the Elders" [La sabiduría de los ancianos], *AARP Magazine*, p. 52). Sin ninguna duda, Sully estaba calificado de modo único para hacer lo que había que hacer para salvar vidas y minimizar las heridas en el vuelo 1549.

¿Puede imaginarse haber estado en ese vuelo? A mí ni siquiera me gusta volar por encima de masas de agua, ¡de modo que no puedo imaginar lo que sería aterrizar ahí! Pero sí sé que lo que Sully demostró en esa situación de vida o muerte es el mismo tipo de valentía ante el fuego que usted necesitará si quiere que su negocio vuele. Porque siempre habrá obstáculos, retos y desvíos en el camino de su trayectoria. ¿Quién habría sospechado que algo tan benigno como los gansos pudieran derribar un avión?

La improvisación en las crisis de la vida es una habilidad que todos debemos practicar y agudizar mucho antes de que la calamidad llegue. Se requiere preparación, implicación, ingenio y creatividad para llegar a soluciones cuando su negocio enfrente un posible desastre. Pero los emprendedores, como los mejores pilotos, pueden aterrizar con elegancia incluso en las circunstancias más desafiantes. En este capítulo exploraremos algunas de esas estrategias de aterrizaje para ayudarle a vencer problemas que pueden esperarse y también otros que no pueden predecirse.

Improvisar y lanzar

Uno de los primeros problemas que enfrenta la mayoría de los emprendedores es su propia impaciencia y falta de familiaridad con la naturaleza de detenerse y comenzar, apresurarse y esperar, prueba y error que tiene el proceso que conlleva comenzar un nuevo proyecto. Aunque podemos hacer todo lo posible para crear listas, líneas de tiempo secuenciales y gráficas organizativas, cuando estamos lanzando nuestro negocio puede que tengamos que improvisar antes de poder lanzarlo. En otras palabras, debemos tener metas, objetivos y sistemas claros a la vez que nos mantenemos bastante flexibles para adaptarnos a las realidades del negocio a medida que las descubrimos.

Una gran parte de todo eso es sencillamente cultivar paciencia valiente en su interior. Aunque no hay nada comparado con lo que experimentaron los pasajeros del vuelo 1549, aborrezco por completo estar en un avión cuando está paralizado en la pista. Ya sea antes del despegue o después del aterrizaje, no hay nada peor que ese limbo de inactividad sin progreso hacia su destino. ¡No hay nada más doloroso que estar ahí sentado cuando debería estar volando! A nadie le gusta estar paralizado en lugar de ejercitar su libertad de movimiento. Me temo que demasiados nuevos emprendedores regresan a las pistas, deseando levantar el vuelo otra vez y fortalecer sus alas pero paralizados por sus temores, sus fracasos y sus frustraciones. O se apresuran a volver a volar rápidamente sin haber aprendido las lecciones reveladas por su experiencia anterior en el aire.

Gradualmente, irá descubriendo su ritmo, los periodos de ajetreo y los ciclos lentos de su negocio. Establezca la paz con el hecho de que está creando un nuevo patrón a la vez que intenta llevar a cabo el patrón de negocio que ha creado. Una vez más, permítame afirmar enfáticamente que la resolución de problemas es esencial para ser un emprendedor. Simplemente es parte del proceso inherente de prueba, experimentación, ajuste, investigación y reorganización. La mayoría de emprendedores exitosos saben que la perseverancia es esencial para vencer los reveses y continuar hacia su destino de éxito.

Si está aferrado a la palabra *fracaso*, entonces utilice el término que utilizó Oprah en la cita del principio de este capítulo: un *escalón* hacia su futuro éxito. Un escalón es meramente un hito entre donde usted está y donde va; ¡nunca es su destino! Los escalones unen una oportunidad de aprendizaje con otra de modo que usted puede avanzar, aunque sea un salto más pequeño de lo que usted esperaba. Algunas veces, los escalones son movimientos laterales que no le hacen avanzar nada; otras veces requieren que dé un paso atrás y se reorganice antes de volver a saltar hacia delante. Pero todos ellos le proporcionan una posición transicional, con espacio aéreo donde puede seguir avanzando hasta que cambien las condiciones meteorológicas o se revelen nuevas rutas.

Mire, el fracaso siempre puede quedar mitigado si está dispuesto a cambiar su actitud y su perspectiva sobre el catalizador que impulsa sus temores. Por difícil que pueda ser separar nuestras emociones de nuestro negocio, debemos encontrar un lugar para canalizar y expresar nuestros sentimientos fuera de la oficina, la sala de juntas, el estudio o el taller. Si los hermanos Wright hubieran perdido confianza en sus capacidades después de estrellarse su primer modelo, no habrían seguido rediseñando y probando todas las variaciones que al final les hicieron elevarse del suelo. Si el Capitán Sullenberger hubiera estado en pánico en los momentos siguientes a darse cuenta de que su avión no tenía motores, no habría sido capaz de pensar la asombrosa solución que se formó en su mente.

Pensemos en los incontables emprendedores que sin descanso han encarado, remendado, modificado y avanzado diferentes aspectos de su modelo de negocio hasta que descubrieron la mezcla perfecta para su mercado. Desde la cocina del Coronel Sanders que produjo su receta secreta de once hierbas y especias hasta la residencia universitaria de Mark Zuckerberg en Harvard que lanzó lo que ahora tenemos como Facebook, la mayoría de emprendedores disfrutan del proceso de llevar sus productos hasta el mercado tanto como disfrutan al venderlos. Steve Jobs, cofundador y director general de Apple, dijo en una ocasión: "Estoy convencido de que la mitad de lo que separa a los emprendedores exitosos de quienes no lo son es la pura perseverancia" (https://www.entrepreneur.com/article/240047).

Igual que debe tomar una decisión deliberada de avanzar, de tener sus motores acelerando y sus propulsores girando para avanzar por la pista si alguna vez quiere despegar de tierra, también debe ser intencional con respecto a hacer lo que sea necesario para mantenerse en vuelo hasta que esté listo para ascender. Le aliento a identificar frecuentemente (semanalmente o incluso diariamente) su ubicación actual y su altitud presente y compararlas con donde quiere ir. Dependiendo de las variables condiciones de mercado y de producción, no tenga temor a cambiar su ruta y acercarse a su meta desde una dirección distinta.

Muchos nuevos emprendedores sufren más, irónicamente, por ser exitosos demasiado temprano en su ascenso. Recibir demasiadas órdenes de pedido inesperadas con demasiada rapidez puede arruinar su negocio. Recuerdo haber descubierto a una mujer que horneaba los pasteles más deliciosos y los vendía desde su página web. Su bizcocho casero se deshacía en mi boca, y después de mi primer bocado supe enseguida que había encontrado el regalo de Navidad perfecto para enviar a amigos y colegas. Desgraciadamente, sin embargo, ella no pudo manejar el volumen de pasteles que yo necesitaba que se enviaran antes de que llegaran las festividades. Ella estaba muy por debajo del presupuesto y los recursos de producción necesarios para entrar en la época navideña.

Recuerde: ¡una bendición demasiado rápida no es bendición en absoluto! Tiene que conocer cuál es su capacidad, y eso significa identificar sus limitaciones y sus responsabilidades. Este nivel de conciencia también conlleva conocer exactamente quién es su cliente ideal y todo con respecto a ese cliente. Tal conocimiento le ayudará a anticipar la demanda de producto y los ciclos de venta, lo cual a su vez puede influir en el modo que usted administra el inventario y maneja el mercadeo.

Soplar y apagar las velas

Si comienza con pequeños pasos antes de intentar correr, con frecuencia evitará las caídas que sufren la mayoría de los niños pequeños. Por ejemplo, independientemente del buen descuento que haya en el precio para una orden al por mayor de su producto personalizado, no envíe esa orden hasta que haya visto, sentido, gustado, tocado y utilizado el producto usted mismo. Muchos emprendedores descubren rápidamente que es más rentable producir sus productos, o ciertos componentes, en el extranjero. Aunque derivar la producción es una parte de muchos negocios exitosos, querrá asegurarse de que nada quede perdido entre medias. Ya sea una barrera del idioma o una práctica cultural, querrá anticipar posibles malentendidos antes de que hagan descarrilar su orden.

Mi esposa, Serita, aprendió esta lección cuando decidió probar el mercado para uno de sus artículos de decoración del hogar favoritos. Le encantan las velas, y si fuera por ella, ¡probablemente las encendería en cada habitación todo el tiempo! Tras años y años de comprar, adquirir y encender decenas de marcas, aromas y tamaños de velas, decidió probar y crear su propia vela. A ella le encanta comparar los distintos ingredientes y aprender sobre las diferencias entre la cera y la soja, junto con los cientos de posibles aromas y variedades de mechas.

¿Quién habría sabido que algo tan sencillo tenía tantas opciones? Un buen emprendedor sí, ¡él o ella es quien lo sabe!

Serita aprendió rápidamente la segunda pregunta más frecuente que los inversores plantean a los participantes en el programa *Shark Tank*: ¿cuáles son sus costos brutos? ¿Cuánto son materiales? ¿Qué de producción y trabajo? ¿Empaquetado y envío? Tener un costo preciso por unidad para sus productos o servicios es fundamental para su éxito. A fin de tomar las decisiones que determinan su costo, el cual a su vez afecta directamente a su precio minorista a los consumidores, debe saber, tan concretamente como sea posible, qué tipo de producto será el suyo y quién lo comprará. Timex no está compitiendo con Rolex aunque ambos fabrican relojes. Manolo Blahnik y Payless venden zapatos, pero por lo general no a la misma clientela.

Mi esposa estudió el mercado de las velas y descubrió lo que ya había aprendido como consumidora: cuesta considerablemente más hacer las velas elegantes, que no desprenden mucho humo, con un aroma agradable y larga duración, que hacer las que gotean, no huelen bien y se funden rápidamente. A pesar del elevado costo de producción, ella decidió que quería crear y vender el mismo tipo de velas que a ella misma le gusta comprar y encender. Esta decisión significó utilizar materiales de la más alta calidad que aumentaban los costos por unidad, lo cual también elevaba el precio minorista. Y el tipo de persona dispuesta a gastar cuarenta dólares en una vela ¡no es el mismo tipo que busca gastar cuatro dólares! Serita se dio cuenta de que estaría compitiendo con minoristas de lujo como

Neiman-Marcus, Anthropologie y Nest, y no con Target y Yankee Candle.

De modo similar, Walmart no vende bolsos Chanel o trajes Armani. No porque no puedan comprarlos, sino porque han decidido quién es su clientela y han investigado lo que su cliente busca. Por lo tanto, están comprometidos a mantenerse dentro de los límites del presupuesto de su posible cliente, lo cual normalmente no incluye lujosas marcas de diseño y productos de lujo. Ellos saben que los precios deben estar en consonancia con la audiencia a la que se dirigen. Cuando hablo con ejecutivos en KFC, Sam's Club y Walmart, me dicen que miran los ingresos promedio de las comunidades dentro de un radio razonable desde la ubicación de cada tienda a fin de proyectar cuánto venderán en esa región. Esta información también les ayuda a decidir qué productos y marcas específicos tendrán en ese lugar en particular.

Usted no puede ser todo para todo el mundo, así que no lo intente. Simplemente sepa dónde está, lo que puede hacer, quién es su cliente y lo que quiere. Uno de los mayores errores que veo que cometen los emprendedores es lanzar sus redes de clientes lejos pero poco profundas. Hace décadas, tal enfoque podría haber sido eficaz para captar consumidores, pero ya no lo es. En la actualidad tenemos muchísimas opciones con respecto a prácticamente cada producto y servicios disponibles. Como resultado, los clientes esperan encontrar el producto, solución o servicio perfecto para su necesidad personal particular, su gusto y su presupuesto.

Enfóquese en construir donde está y con lo que tiene, e intente evitar todo lo que es periférico. No se distraiga por lo que no es su negocio; implíquese totalmente en todo lo que quiere que sea su negocio exactamente. Sí, es delicado, porque tiene que mantenerse atento a donde está y lo que sucede a su alrededor con las condiciones actuales mientras al mismo tiempo está atento también hacia lo que hay por delante y más allá de su destino final.

Actuar conforme a su edad

Otro contratiempo común que se encuentran muchos nuevos emprendedores es la limitación de su perspectiva generacional. Con frecuencia olvidamos los lentes culturales relacionados con la edad con los cuales vemos nuestro mundo, pero pueden tener un efecto dramático en el modo en que enfocamos y ejecutamos nuestro plan de negocio. Dependiendo de quién sea nuestra audiencia, puede que necesitemos ver más allá de nuestra propia experiencia para entender la lógica y los hábitos de compra de clientes más mayores o más jóvenes que nosotros mismos.

Consideremos cómo alguien que se crió en la década de los sesenta y los setenta difiere en su experiencia de vida ¡comparado con alguien que es mayor de edad en la década de los ochenta y los noventa! Desde condiciones sociales, políticas y económicas hasta preferencias populares en música y medios de comunicación, cada generación normalmente se define a sí misma de maneras distintas a las anteriores. Algunas diferencias pueden ser radicales y reflejan cambios de valores, como perspectivas sobre citas amorosas y matrimonio, mientras que otras son más sutiles y personalizadas, como el atractivo y el impacto de una película que satura la cultura como *Star Wars*.

Muchas veces he intentado compartir sabiduría en forma de crítica constructiva con muchos emprendedores mileniales, pero ellos no son de ninguna manera los únicos limitados por su perspectiva generacional. Por lo tanto, permítame dirigirme a mis iguales y otras personas que no son de la generación de los mileniales y destacar el problema más común que enfrentan frecuentemente los emprendedores de más edad.

Igual que yo aprendí por observar a mis padres, muchos de la generación *baby boom* suponían que cualquier negocio exitoso requería muchas horas, trabajo duro, autodisciplina y paciencia sin límite. Veíamos a miembros de la Gran Generación (generación de la Segunda Guerra Mundial) economizar, ahorrar y sacrificarse a fin de poner comida sobre la mesa y mantener unida a su familia. Emulábamos su ética de trabajo con una feroz determinación de avanzar a cualquier costo y trascender las dificultades y los sufrimientos que con frecuencia inundaban sus realidades económicas. Nos volvimos más independientes y autosuficientes, renuentes a pedir ayuda, a admitir nuestra necesidad o aceptar ayuda de otros dispuestos a ofrecerla.

Pero nuestra feroz tenacidad (¡nuestros hijos dirían terquedad!) nos deja con frecuencia con un altivo ángulo muerto. Tenemos las agallas para ser tenaces con respecto a lanzar nuestros sueños, pero con frecuencia carecemos del conocimiento para utilizar aparatos, aplicaciones, redes sociales y software que pueden acelerar el proceso. ¡Nuestro ángulo muerto es pensar que nuestro esfuerzo sustituye la eficacia de la tecnología contemporánea! Lo cual suena a necedad cuando nos detenemos y lo pensamos, porque ese es el punto de la tecnología: ¡realizar funciones complejas con más rapidez de lo que pueden hacerlo las capacidades humanas! Sabemos eso cognitivamente, ¡pero seguimos viviendo en la década de los ochenta!

Si mezclamos nuestras agallas con los aparatos de la generación más joven, sin embargo, podemos alcanzar mayores altitudes de éxito con mucha más rapidez. Al utilizar una combinación tan potente, podemos reducir gastos generales y mejorar nuestros ingresos, pues las redes sociales nos permiten dirigir nuestro enfoque y mantener la conexión con nuestros seguidores y clientes. Podemos privarnos del gasto exorbitante de los métodos de mercadeo generalizados impresos, y en radio y televisión. Cuando utilizamos estos métodos que ahora ya están casi desfasados, se paga según el número de hogares que alcanzan los medios: la circulación del lector, radio de oyentes, o cuotas de pantalla del canal o la red particular.

Pero, desde luego, no todos los hogares albergan a sus posibles clientes. Las redes sociales le permiten el lujo de identificar a sus posibles clientes, conectar con sus intereses, y establecer relaciones a largo plazo que pueden utilizarse para sostener su negocio y ampliar su visión. Usted puede proporcionar valor relacional y una comunidad continuada que hace de vender sus productos y servicios un intercambio mucho más orgánico de lo que era antes.

Le recomiendo que empiece considerando a cuántos negocios y emprendedores sigue usted en Twitter, Facebook, Instagram o alguna otra red social (y si no está siguiendo en línea a emprendedores exitosos, ¡entonces deje a un lado este libro y hágalo de inmediato!). ¿Cuáles no solo le informan sino también le hacen *sentir* algo cuando lee su blog, correo electrónico, texto o tweet? ¿Cuáles le gustan de verdad y espera leer e identificarse con ellos? ¿Qué es lo que están haciendo otros emprendedores para fortalecer su vínculo con usted? Y lo más importante, ¿cómo puede usted transferir eso y aprovecharlo para su propio uso y beneficio?

Sí, nosotros los *boomers* podemos aprender mucho utilizando la sabiduría tecnológica de los mileniales, y ellos pueden beneficiarse de nuestras agallas y tenacidad. Nuestros hijos y nietos se han beneficiado de nuestro trabajo duro, pero involuntariamente han supuesto ciertas expectativas irrazonables porque normalmente no han tenido que trabajar tan duro como sus padres. Muchos de nosotros hemos batallado y nos hemos ganado lo que tenemos saliendo adelante en busca de nuestro sueño americano. Pero ahora los mileniales se sienten con derecho a niveles de éxito iguales, o mayores, sin tener que hacer todo lo que hicimos nosotros para llegar hasta ahí. Incluso quienes no se sienten con derecho no siempre pueden calcular el esfuerzo que se requiere para obtener lo que quieren.

En el cine

Tenemos que mirar hacia delante a nuestro destino final con un ojo y mantener el otro enfocado en nuestro siguiente paso. Recuerde que graduación tiene su raíz en la palabra *gradual*. La mayor parte del tiempo debe cobrar velocidad antes de avanzar al siguiente nivel a una altitud mayor. Lanzarse a algo sin conocer de antemano la capacidad de su motor es por lo general desaconsejable. Hasta que respete dónde está, no puede inspeccionar hacia dónde va.

No suba demasiado alto con demasiada rapidez; ¡el despegue nunca debería sorprender al piloto! Los buenos pilotos han estado cobrando velocidad, calentando todos los motores, asegurándose de que sus alas están en ángulo en la posición adecuada para captar las condiciones presentes del viento. De modo similar, usted debe conocer la velocidad de tierra necesaria para dejar su actual empleo, encontrar una ubicación, anunciar su producto o servicio, y comenzar su negocio. Necesitará tener un umbral o punto de inflexión como indicación de cuándo ampliar o cuándo hacer recortes.

Los estudios actualizados, conversaciones sinceras con competidores dispuestos a charlar con usted, y sabiduría de sus mentores pueden ayudarle mucho a entender las peculiaridades e idiosincrasias de sus clientes y del mercado. Por ejemplo, yo supe desde temprano, gracias a la sabiduría de generosos mentores, que cuando nuestra iglesia alcanzó el setenta por ciento de su capacidad era el momento de realizar un segundo servicio. Saber cuándo ajustar la velocidad es crucial para los despegues suaves sin dar tumbos y sacudidas a lo largo de la pista.

Este es otro ejemplo de mi propia experiencia. Al principio en el proceso de producir películas, tenía que tomar decisiones con respecto a los costos y el tipo de películas que quería hacer.

Al considerar varios planes de negocio, entendí rápidamente que la mayoría de las películas de Hollywood llevan la etiqueta de un precio considerable, que posiblemente rondaba un promedio de 75 a 100 millones de dólares en esa época. Incluso colaborando con un gigante de los medios grande y establecido como Sony, yo no deseaba arriesgar esa cantidad de capital en una aventura tristemente célebre por ser voluble.

También aprendí a ver que ciertos tipos de películas, es decir, géneros como fantasía, ciencia ficción y acción/aventura, cuestan incluso más. Estas películas con frecuencia se apoyan en escenarios dramáticos que involucran persecuciones de autos, viajes al espacio exterior, y batallas de súper héroes que requieren muchos choques, colisiones, y efectos generados por computadora en pantallas verdes. Como puede que sepa, muchas de estas películas tienen presupuestos de cientos de millones de dólares, que requieren entonces ventas enormes en taquillas en todo el mundo solo para recuperar la inversión.

Mi investigación me condujo a limitar mi presupuesto a películas supuestamente menores con presupuestos por debajo de los 50 millones de dólares, por lo general entre 15 y 30 millones. Además de no querer arriesgar mucho dinero, yo tenía poco interés en contar esos tipos de historias en la pantalla. En cambio, estaba mucho más interesado en historias que implicaran la familia, fe y amistad, con un reparto arraigado en un ambiente realista con el que las audiencias pudieran identificarse y reconocer. Dentro de la industria, estos géneros por lo general se consideran dramas, comedias románticas, o un híbrido conocido como "dramedia", en el cual hay bastante humor mezclado con intensidad dramática. Tales historias se apoyan más en un guión talentoso llevado a la vida por un reparto talentoso apoyado por un equipo trabajador que las que lo hacen en los efectos especiales y escenarios excesivos.

Este enfoque me ha funcionado bien, y me ha permitido producir películas asombrosas como *Woman, Thou Art Loosed!*, *Not Easily Broken, Jumping the Broom, Sparkle, Black Nativity, Heaven Is for Real* y otras que se han proyectado en cines en este país y en todo el mundo. Mientras que la mayoría de las películas que he producido tratan predominantemente sobre personajes de color y están dirigidas a audiencias de color, siempre he tenido en cuenta incluir diversidad. Algo que emociona en una película trasciende las líneas demográficas, ¡y lo divertido es divertido sin importar cuál sea el color de la piel!

Liderar por instinto

Otro gran problema que con frecuencia fuerza a los nuevos emprendedores a hacer un aterrizaje de emergencia es su estilo de liderazgo. Hace algunos años, escribí un libro titulado *Instinto* que se enfoca, ya lo habrá imaginado, en el modo en que podemos emplear nuestros instintos para mejorar nuestras vidas. En ningún otro lugar tienen un poder tan considerable los instintos que en el modo en que usted dirige su negocio. Sus instintos surgen como el fruto de todos los datos objetivos, duros y blandos, históricos y actuales, casados con sus experiencias subjetivas. Al combinar inteligencia e imaginación, los instintos alimentan a la mayoría de los emprendedores y su deseo de hacer algo nuevo y diferente.

Los emprendedores instintivos también saben que si no pueden reunir a un equipo talentoso y unido a medida que su negocio se amplía, siempre estarán limitados por el tipo de avión que pueden pilotar y la duración de sus vuelos. Sin importar cuán talentoso sea usted o qué tan duro trabaje, ¡no puede hacerlo todo! Usted no puede financiar su negocio, producir todo el producto que se necesite, publicitarlo, distribuirlo, mantenerlo, y ampliar su empresa en nuevas direcciones sin confiar en otros. Como emprendedor, debe aprender cuándo pedir ayuda y cuándo enfocarse en lo que solamente usted puede hacer.

Si se apoya solo en usted mismo, sus ingresos están limitados al ser usted su único recurso. Si quiere ser un médico estupendo, puede practicar la medicina en diversas destrezas, y maneras que mejoran su trayectoria, en hospitales, clínicas, universidades y programas de asistencia en el extranjero. Pero si quiere ser pudiente, exitoso, y ampliar su capacidad de llevar sanidad a su comunidad inmediata, probablemente necesitará abrir una consulta y contratar a más médicos. Nunca olvide que en la búsqueda de negocios prácticos, siempre habrá un tope salarial. El tope llega cuando usted entiende que independientemente de cuán productivo y trabajador pueda ser usted, permanecerá limitado a menos que pueda duplicar sus capacidades y ampliar su visión a otros.

Los líderes emprendedores instintivos saben priorizar, y siguen el ritmo en consonancia. Aumentar el tamaño de su negocio, su influencia y sus ingresos puede que no sea tan importante como proteger su privacidad, mantener estabilidad, y disfrutar de mucho tiempo libre. Usted sabe instintivamente lo que quiere, de modo que no se conduzca a usted mismo y a otros hacia la definición de éxito de alguna otra persona. Quizá usted valore la independencia más que la innovación. Sin embargo, si su instinto natural de independencia se mantiene desenfrenado, puede que no madure.

Los emprendedores independientes con frecuencia están rodeados de muchas personas dispuestas a ayudar, pero se niegan a comunicar sus necesidades o a aceptar lo que otros ofrecen. Frecuentemente, otras personas no le ayudarán en la promoción y construcción de su negocio porque parece que usted mismo puede ocuparse de todo. Si pide ayuda y recluta a otras personas dispuestas a trabajar con y para su negocio, se sorprenderá de cuán sano llegará a estar su negocio. Por otro lado, si envía la señal de que no necesita ayuda, otros la recibirán.

Los emprendedores lanzan proyectos por naturaleza que crecerán lo bastante como para desplazarlos de los roles iniciales que ocupaban. En cualquier momento que pueda afilar su talento y realizar diversas destrezas, siempre podrá trabajar; pero si sabe *por qué* debe abordarse cada tarea dentro de su negocio, ¡puede delegar a otros que trabajen para usted! El porqué y el cuándo de una tarea son inclusivos para los líderes emprendedores. Al principio, necesita saber qué hacer y cuándo, pero a medida que su proyecto emprende el vuelo, descubre la importancia vital de saber los porqué y los cómo que alimentan su crecimiento.

Su siguiente pista

Cuando su nuevo proyecto esté en el aire, su confianza comenzará a aumentar. Entonces, un día sucederá algo y de repente comenzará a dudar de usted mismo más que nunca. Podría ser una queja de un cliente o un empleado que critica su liderazgo. Podría ser un cambio económico inesperado que le deja casi sin aire a medida que su negocio comienza a caer en picado desde los cielos despejados donde antes volaba. Tal vez simplemente sean las rigurosas demandas de manejar días de dieciséis horas siete días por semana con familia, amigos, iglesia, y otras responsabilidades.

Al igual que algunos problemas pueden preverse como una parte normal del proceso, otros nunca pueden predecirse. Siempre se producirán acontecimientos inesperados y amenazarán con lanzarle dando tumbos otra vez a nivel de tierra. No permita que esas desagradables sorpresas o decepciones inesperadas le paralicen por demasiado tiempo. Encuentre un modo de descargar cualquier equipaje emocional doloroso y busque los aspectos positivos.

No es cuántas veces ha fracasado o cuántos escalones haya sido forzado a recorrer, ¡es lo que ha aprendido cada vez que volvió a levantarse del suelo! Perder ese cliente, ¿le ayudó a cambiar su política de atención al cliente por otra que ha mejorado su negocio y ha atraído nuevos clientes? Agotar su bisutería hecha a mano, ¿le hizo volver a pensar en el número de empleados que necesita para satisfacer la demanda? Declararse en bancarrota en su último negocio, ¿le permitió administrar mejor sus finanzas para su nueva empresa? Cada vez que fracasa, hay una pista hacia su futuro éxito.

¡Necesita fracasar con valentía si quiere tener un éxito extravagante! Las personas exitosas no revelan con frecuencia sus fracasos; y ¿por qué deberían hacerlo? No podemos culparles por no querer poner en un primer plano sus errores, en especial cuando está claro que han superado esos obstáculos para alcanzar las cumbres de sus montañas particulares. Pero debe recordar que la persona que pasa rápidamente por su lado mientras usted batalla para seguir volando ha experimentado la misma turbulencia que usted.

Usted tiene lo necesario para pilotar su negocio hacia la grandeza, pero puede que requiera algunos aterrizajes de emergencia a lo largo del camino. No se desaliente, amigo. Repare su avión, regrese a la cabina, ¡y diríjase a su siguiente pista de despegue!

PARTE IV

VUELE A NUEVAS ALTURAS

Entonces hallarás tu gozo en el Señor; sobre las cumbres de la tierra te haré cabalgar…

—Isaías 58:14

CAPÍTULO 10

Crecer hacia delante

Ocúpese de sus asuntos

*Si estamos creciendo, siempre vamos a estar fuera de nuestra
zona de comodidad.*

—John Maxwell

Con frecuencia me hacen preguntas sobre qué condujo a mi decisión de reubicar mi ministerio y mi empresa de West Virginia a Texas. Aunque muchas variables dieron forma a esa decisión, hay una que destaca y podría serle útil a medida que usted enfrenta los retos únicos que acompañan frecuentemente el crecimiento de un nuevo proyecto. Porque debe entender que lo que hace despegar su avión del suelo no es necesariamente lo que lo mantiene en vuelo hasta su destino final.

Yo había desarrollado lo que comenzó como un ministerio muy escaso de siete miembros hasta ser un cuerpo de unos mil miembros y una asistencia regular de setecientos. Mi empresa había empezado a producir sus propias obras, y estábamos a punto de lanzar una gira. Con algunos libros éxitos de venta a mis espaldas, observé despegar mi carrera literaria. Para la zona donde yo vivía, y en la mentalidad de quienes me rodeaban, me había ido muy bien.

Tenía una bonita casa, una hermosa familia, un negocio próspero, y una iglesia creciente.

Pero tenía una sensación en el estómago que me molestaba, que afirmaba que yo no había exprimido todo mi potencial y que tenía más en mí de lo que mi ambiente actual podía acomodar. Quería comenzar un ministerio hacia los indigentes y hacia los presos, y también quería lanzar un ministerio internacional. La mayoría de mis camaradas, limitados como estaban por el pensamiento tradicional sobre lo que podía hacer una iglesia y cuál debería ser el papel de un ministro, no pensaban en aquel tiempo en tales ministerios complementarios.

Quizá sus perspectivas tenían mérito, pero mi propósito se negaba a quedar encarcelado por las percepciones de otros. Yo sabía que mi viaje sería único. Si puede usted identificarse con esta sensación, entonces debo advertirle que la singularidad raras veces se comprende en tiempo real. Poco a poco, tuve que reunir la valentía para salir de las normas y entregarme a mis convicciones en lugar de a mis condiciones. Mi visión era más grande que mi ambiente, y un cambio estaba destinado a llevarme desde mi tierra natal hasta mi propósito destinado. Y como aprendí pronto, ese propósito motivó mis decisiones de maneras poderosas.

Atento a su métrica

La mayoría de las organizaciones son alimentadas por rentabilidad, propósito, poder, o por alguna otra potente combinación de ellos en proporciones variables. La mayoría de los negocios discurren sobre un principio de rentabilidad, mientras que los ministerios y las organizaciones sin fines de lucro operan sobre una prioridad de propósito. Las instituciones políticas y los oficiales electos, por otro lado, con frecuencia son impulsados por la búsqueda de poder.

Aunque cada uno de estos tres motivadores tiene una ética central, todos ellos tienen trazas de los otros en su interior. Si una organización sin fines de lucro no es rentable regularmente, entonces no puede ser sostenible. Es ingenuo pensar que uno puede enfocarse únicamente en el propósito sin atender diligentemente los hechos y las finanzas que rodean la meta que ha sido priorizada.

Si el liderazgo de una directora general da como resultado regular una rentabilidad para su empresa, entonces obtendrá un poder considerable a lo largo del camino. Ignorar tal poder y su efecto sobre un futuro crecimiento es malgastar una oportunidad de acelerar el éxito. Si un oficial electo ejerce poder político de maneras que no son beneficiosas para sus electores, minarán su búsqueda de poder. Debe equilibrar el poder de su papel con los resultados obtenidos para aquellos a quienes pretende servir.

Propósito, poder y beneficio desempeñan cada uno de ellos un papel para lograr lo que me gusta denominar impacto. Cuando pensamos en impacto, básicamente estamos determinando el nivel de resultados que tendrán nuestros esfuerzos en nuestro departamento, empresa, comunidad, ciudad y sociedad. Si el impacto es un método cuantificable de evaluar la relevancia, no se puede medir el logro sin quedar inmerso en la métrica del éxito. Igual que un corredor de corta distancia necesita un cronómetro para determinar su capacidad de alcanzar su meta en la carrera de 400 metros, debemos estar preparados para considerar la métrica concreta utilizada para determinar el éxito.

El éxito en los negocios no se mide solamente por la longevidad. El hecho de que un negocio se mantenga durante un periodo de tiempo en particular no significa necesariamente que sea rentable. Las organizaciones sin fines de lucro no pueden medirse solamente por la adherencia al propósito, porque a fin de seguir siendo funcionales deben pagar los sueldos a sus empleados. El impacto debe determinarse por una comparación de métrica cuantificable: ¿A cuántas personas alimentamos? ¿Cuánto nos costó? ¿Cuánto tiempo podemos operar de ese modo? ¿Cómo encaja eso con nuestro presupuesto proyectado para este mes, este trimestre, este año? Tales preguntas requieren métricas para dar respuestas sobre el impacto de una organización.

Si quiere seguir maximizando el potencial que Dios le ha dado, entonces debe evaluar su impacto final y el costo de crecer hacia delante. No es suficiente solo con alcanzar cierta altitud y conformarse con una estabilización de status quo. El crecimiento sostenido requiere ocuparse de la métrica.

Salvavidas

Cuando yo era un niño, mis padres siempre nos llevaban en viajes en auto a visitar a nuestras abuelas, que no era un viaje rápido cuando considerabas que con frecuencia eran hasta diecisiete horas cada trayecto. El problema era que mi papá no tenía mucho tiempo libre, y la mayor parte de él la empleábamos en el viaje para llegar allí. Aunque estoy seguro de que era mucho más asequible ir en auto, no solo se trataba de dinero, porque el intercambio era que aunque ahorrábamos dinero, también perdíamos un tiempo precioso.

También estaba el problema del agotamiento del viejo y la posibilidad de que se quedara dormido al volante, ya que había estado trabajando hasta la hora de irnos. Su retorno de la inversión podría haber sido elevada porque ahorraba dinero, pero su proporción de esfuerzo a impacto (EaI) era bastante baja. Desde una perspectiva de EaI, era mucho mejor cuando íbamos en avión. Volar a casa de la abuela no ahorraba dinero pero ahorraba tiempo. Desde una perspectiva de EaI, tomar la decisión de conducir era un fallo que daba como resultado dos estancias muy breves de una noche en Mississippi o Alabama y un viaje rápido de regreso para llegar a tiempo del regreso al trabajo de mis padres.

Yo he llegado a mirar mi rentabilidad de la inversión (RI) y mi proporción EaI cuando evalúo la mayoría de las decisiones importantes. Me hago la pregunta: "Considerando todo lo que invertiré en esta dirección, ¿será proporcional el retorno a la energía que empleo? ¿O debería emplear mis esfuerzos en otro lugar y reconsiderar el valor de mi tiempo y mi energía a cambio del retorno que obtendré?".

La decisión de mis padres de conducir en lugar de volar sopesaba el dinero que ahorraban más que el tiempo empleado para llegar. Volar habría costado una cantidad de dinero considerablemente mayor, pero habría ahorrado tiempo y esfuerzo. El viaje de ida y regreso en auto tomaba casi treinta y cinco horas, comparado con las cinco o seis horas si hubiéramos ido en avión.

Aunque mis padres tomaban la decisión basándose en lo que parecía más importante para ellos en ese momento, a fin de mantener el crecimiento llegará a un punto crítico donde tiempo y esfuerzo significan más que el dinero que ahorra. ¿Cuánto valen en este punto veinticuatro horas de su vida? En los negocios igual que en la vida, el tiempo es nuestro bien más precioso: insustituible e irrecuperable.

Inspeccione su impacto

A lo largo de mi vida adulta, con frecuencia he tenido un sueño recurrente en el cual estoy peleando contra algún enemigo desconocido y amenazante. Sin embargo, lo más aterrador es que, en mi sueño, siento que mis puñetazos son inútiles. A pesar de cuán duro o rápido lance mi puñetazo, mi puño nunca llega a conectar de lleno con mi objetivo. El impacto no refleja la intensidad del esfuerzo con el cual lanzo mi puño.

Muchas veces, nosotros que trabajamos duro en la vida real, experimentamos un dilema parecido. Parece que a pesar de cuánto esfuerzo empleemos, no parecemos ver ningún impacto, ya sea en los negocios, el matrimonio, el ministerio, o donde hayamos lanzado nuestro puñetazo. No estoy seguro de cuál es la solución al problema en mi estado de sueño (excepto despertar), pero en la vida podemos corregir el problema no empleando más nuestro mayor esfuerzo en los lugares equivocados. Las prioridades mal establecidas pueden causar que su proporción de EaI sea tan ineficaz como un puñetazo impotente al monstruo en sus sueños. En cambio, debe dirigir sus esfuerzos a los lugares dentro de su objetivo donde pueda tener el mayor impacto.

En una organización sin fines de lucro que se basa en el propósito, tenemos que mirar la energía y los ingresos para percibir si verdaderamente hemos tenido un impacto que cumpla ese propósito incluso cuando no lo parezca en su balance. Para estar seguros, podemos ignorar ambas cosas, pero para ser verdaderamente exitosos como organización sin fines de lucro, el propósito no es la única métrica que dirige nuestras decisiones. De modo similar, cada vez más empresas están descubriendo que aunque están en el negocio para hacer dinero, están viendo el beneficio del bien mayor, incluidos propósito e impacto comunitario, como un objetivo más allá de márgenes, índices de deuda, y viabilidad de renta.

El impacto mira los resultados de la energía, las emociones y el esfuerzo empleados para lograr hacer el trabajo. Pero va más allá de simplemente cuánto se gastó; llega hasta la métrica muy diferente de cuánto se logró. Por eso creo que la proporción de EaI, esfuerzo comparado con el impacto, es un catalizador crucial para tomar decisiones que sostendrán el crecimiento y me impulsarán más cerca de mi destino final. Por la cantidad de esfuerzo empleado, debe usted identificar el impacto recibido a cambio de su tiempo y energía.

La mayoría de los negocios se enfocan principalmente en el RI (retorno de la inversión) cuando evalúan su crecimiento en el pasado y proyectan su expansión futura. El RI por lo general implica jugar a un juego numérico que se centra exclusivamente en el retorno económico de la inversión financiera. Pero tal evaluación con frecuencia pasa por alto otra consideración: el retorno de la energía empleada (RE). Cuando consideramos el RE, reconocemos que hay más invertido en el cumplimiento de un sueño que solamente dinero y acciones. El RE nos fuerza a considerar el impacto logrado a la luz del tiempo y esfuerzo requeridos.

Este principio se desarrolla en nuestros esfuerzos en el gimnasio. Cuando corremos en una cinta andadora o una máquina elíptica, normalmente tenemos una lectura electrónica de las calorías quemadas por el tiempo empleado haciendo ejercicio en esa máquina; básicamente, cuánto impacto tuvimos en calorías quemadas por energía (tiempo y esfuerzo) empleada. ¡Aprendemos rápidamente que no todos los ejercicios para quemar grasa son creados igual!

De manera similar, la métrica del automóvil con frecuencia se reduce a eficiencia del motor por los caballos de potencia empleados. Esta medida es simplemente un modo de que el consumidor entienda y compare la capacidad de un motor con la de otro. Sin tales métricas cuantificables, solo nos quedaría comparar vehículos únicamente por su aspecto pero no por su eficiencia.

La mayoría de las personas se contentan con vivir su vida basados en las vislumbres superficiales y miradas cosméticas del éxito. Mientras parezcan exitosos, no tienen que considerar que el motor de su negocio podría no ser eficiente. El exterior de su proyecto brilla y resplandece, pero no puede mantener el vuelo cuando ha despegado de la tierra.

El problema con operar su vida sin mirar las métricas es sencillo: no puede evaluar eficazmente cuál, de las muchas iniciativas que está persiguiendo, ¡está trabajando *para* usted y cuál trabaja *sobre* usted! ¿Está teniendo impacto su energía, o simplemente se emplea sin un retorno significativo? El impacto determina el éxito. ¿Cómo si no se sentirá realizado si su única medida es la supervivencia basándose o confiando solo en las apariencias?

Concurso de talentos

Ya sean accionistas, inversores, socios, o incluso Dios Todopoderoso quienes quieren ver sus métricas, siempre necesitará rendir cuentas. Con frecuencia, cuando estamos realmente ocupados en las trincheras haciendo el trabajo, no dedicamos tiempo suficiente a preguntarnos si nuestra EaI está discurriendo correctamente. Sin rendir cuentas, no hay ningún camino para el crecimiento y la rentabilidad.

Vemos con frecuencia esta verdad ilustrada en la Biblia. De hecho, este principio es el tema de una de las parábolas más famosas de Jesús. En los Evangelios de Mateo (25:14-30) y Lucas (19:12-28), Jesús utiliza la parábola de los talentos para enseñarnos lo que significa invertir nuestros dones para un propósito mayor. En la parábola, el dueño de un negocio pone a tres de sus sirvientes a cargo de sus bienes, dando a cada uno de ellos responsabilidades según sus capacidades mientras él está fuera de viaje. Deja claro mediante sus palabras que el enfoque de los sirvientes debería estar en invertir los talentos y no en cuándo regresará el dueño.

Cuando finalmente regresa a su casa, el dueño llama a los sirvientes y evalúa su desempeño y su administración de lo que se les había dado. Tras reunirse con los dos primeros, el dueño está contento. Juzga como fieles a los dos sirvientes porque invirtieron sus talentos y le dieron beneficios. Ellos pusieron los talentos a trabajar, los invirtieron, y doblaron lo que el dueño les había dado a cada uno.

Aunque terminaron en distintos niveles de logro, ambos fueron exitosos, con un cien por ciento de aumento de lo que tenían al principio. Siempre me ha resultado notable que el éxito para ellos no fue competitivo, sino basado en el nivel de retorno de la cantidad inicial que cada uno tenía para invertir. Esto sigue siendo vitalmente importante para nosotros en la actualidad. Debemos entender que nuestro éxito no es una medida que hay que comparar con el éxito de otros. Aunque no fue tan rentable, el administrador con cuatro talentos fue tan exitoso como el que había recibido diez.

Fue otra historia, sin embargo, para el tercer sirviente. Él había recibido un solo talento, pero no hizo nada con él. Fue quien tenía menos para arriesgar, lo cual por lo general hace que una persona esté más dispuesta a dar un paso de fe, pero sin embargo, él lo enterró. Explicando su lógica, este sirviente le dice al dueño que tuvo miedo y no quiso perder el dinero del dueño, y por eso enterró su talento para mantenerlo seguro. El dueño se enfureció, llamando al sirviente malvado y perezoso. El sirviente había desperdiciado el talento que había recibido, al no hacer nada y no dar ningún resultado. El dueño le quita ese talento y se lo da al sirviente que ahora tiene diez talentos.

En esta parábola, Jesús revela exactamente lo que quiere que hagamos con los dones y talentos que Dios nos ha dado. Hemos de ser responsables de los dones y talentos que Él ha puesto dentro de nosotros, invirtiéndolos para obtener el máximo retorno. Es importante para nosotros como emprendedores entender esta parábola y ver cómo se relaciona con nuestras vidas. Todos hemos recibido dones y talentos.

Se han plantado semillas dentro de cada uno de nosotros, aunque han sido dadas en medidas diferentes. Todas las semillas deben ser regadas, todas las semillas deben ser utilizadas, y todas tienen la posibilidad de dar fruto. No podemos ser como el tercer sirviente, que tan solo enterramos nuestros dones y talentos porque tenemos demasiado miedo o somos demasiado perezosos o estamos poco informados para hacer con ellos lo que Dios quiere que hagamos. Como lo que vemos en esta parábola, Dios espera que seamos fieles con lo que Él nos ha dado. Quiere que seamos responsables y nos aseguremos de que las semillas que sembramos y los talentos que invertimos den beneficios rentables.

La parábola de los talentos nos recuerda que es necesario el riesgo para que se produzca crecimiento. Construir un negocio con las semillas que han sido plantadas en nuestro interior, con los dones y talentos que nos han sido entregados, nos permite cumplir nuestro propósito en la vida y tener contentamiento al hacer aquello para lo cual fuimos creados. Con la libertad que permite ser un emprendedor, podemos ayudar a otros a maximizar sus propios dones y talentos. Somos capaces de hacer todas las cosas que Dios nos pide que hagamos y nos llama a hacer porque como emprendedores no estamos atados por el tiempo, el dinero, la visión o la pasión de otra persona.

No tiene usted que vender Biblias o túnicas de coro para invertir sus talentos sabiamente para el reino de Dios. En Lucas 19:13, Dios nos dice: "Hagan negocio con este dinero, hasta que yo vuelva" (RVC). La orden está clara. No debemos quedarnos sentados, no hemos de esperar. Él quiere que emprendamos la acción ahora. Tenemos que ocupar el mundo con negocios que son necesarios. Tenemos que construir negocios que sean las respuestas a las oraciones de alguien. Hemos de proveer para su reino y avanzarlo.

Y no importa qué producto o servicio proporcione usted; es el modo en que hace negocios lo que marcará la diferencia. Al tener un negocio, al estar delante de clientes, podrá compartir el mensaje del evangelio solamente mediante sus acciones. Representará a Dios en su modo de operar, en la manera de tratar a sus clientes y empleados. El modo en que se relaciona será su mensaje; cómo comunica mostrará a quién sirve usted.

Dios quiere que use lo que Él le ha dado a fin de darle más. Ser fiel en lo poco y seguir siendo diligente generará vientos de oportunidad cuando menos los espere. Y cuando lleguen esos vientos, ¡asegúrese de que su avión está preparado para volar más alto que antes!

Siempre en movimiento

Sin importar cuánto logre o cuán rápidamente o lentamente despegue su nuevo proyecto, siempre debería considerar el crecimiento como un proceso y también una parte de su destino. Siempre debe mirar hacia delante incluso mientras es muy consciente de dónde está ahora con su negocio. Dondequiera que le lleve su búsqueda emprendedora, cuando haya establecido y mantenido su patrón de vuelo inicial, está listo para pensar en su siguiente horizonte. Entonces puede propulsarse hacia nuevas dimensiones y proyectarse hacia un lugar de nuevas oportunidades más allá de su altitud actual.

Puede mantenerse físicamente donde está pero idear productos innovadores, servicios mejorados, y nuevas maneras de aumentar la producción. Quizá tenga que ajustarse mentalmente y emocionalmente a diferentes condiciones que cuando comenzó, a fin de descubrir y ponerse a la altura de donde reside actualmente su mercado.

O puede que tenga que hacer lo que yo hice y moverse físicamente a una nueva ubicación. Dependiendo del tipo de negocio, su tamaño y localización, puede continuar su negocio actual tal como es y duplicarlo en otra ubicación o mediante otro canal. Esto puede ser delicado, porque no querrá comerse el negocio de su primer proyecto a fin de alimentar su segunda o tercera oleada. Querrá mantener sano y en desarrollo su negocio central de modo que, si cambian las condiciones y no es el momento adecuado para el crecimiento, no pierda el impulso que tenía.

Ya sea que tenga que alejarse de donde está físicamente o alejarse de donde está mentalmente, será un ejercicio de fe a medida que va tras los sueños y deseos que Dios ha puesto en su interior. Tendrá que arriesgarse y después hacerlo otra vez, y entonces llegar a estar cómodo con el modo en que los riesgos y el crecimiento van de la mano. Los riesgos son inevitables y necesarios porque las mayores recompensas son el resultado de los mayores riesgos.

Hacer algo nuevo y diferente significa que tendrá que salir de ese molde; tendrá que alejarse de lo que le ha definido, pero especialmente de cómo le han definido otros. Algunas de las personas más estupendas que he conocido son personas que estuvieron dispuestas a hacer algo diferente, dispuestas a impulsarse a sí mismas hacia delante y alejarse de cómo habían sido definidas en el pasado. Se negaron a quedarse dentro del molde donde todos esperaban que estuvieran y donde todos esperaban que se quedaran.

Esa es la clave: nunca permita que la multitud le defina o le limite. La gente se acostumbra a vernos en ciertos roles y ejerciendo solamente ciertas capacidades. En mi situación, muchas personas probablemente me veían solo como un pastor en una ciudad pequeña, y yo fácilmente podría haber creído a cualquiera que me cuestionara acerca de irme de West Virginia. Entonces, tras ser cuestionado, podría haberme quedado con mis propias dudas; podría haber comenzado a cuestionar mis propias metas y preguntarme: ¿por qué me iría de un lugar que era tan cómodo? ¿Por qué me aventuraría a lo desconocido? ¿Por qué dejar el hogar por algo tan diferente a lo que he conocido?

Cuando comienza a cuestionarse a usted mismo, entrarán más dudas, y muy pronto se encontrará atascado, haciendo lo mismo, quedándose en el mismo lugar porque permitió que la gente le definiera. Habría sido fácil para mí quedarme donde estaba y permitir que la gente y mi situación se convirtieran en mi celda en la cárcel; y no porque yo considerara así el lugar donde vivía, pero se habría convertido en mi cárcel porque nunca habría salido para perseguir las cosas que yo sabía que tenía que alcanzar. Podría haberme quedado encerrado, sin nunca ir más lejos de lo que todos los demás pensaban que yo debía hacer.

En cambio, di el paso y me mudé a otra parte del país. Para usted, puede que sea algo como redefinirse al embarcarse en su nuevo proyecto. Pero sea lo que sea, el crecimiento siempre requerirá que usted arriesgue su comodidad. Para tener éxito en los tiempos actuales, tiene que moverse, cambiar continuamente cómo se ve a usted mismo, y ser la persona que define quién quiere ser y dónde quiere ir.

Siga imaginando, siga soñando, siga creando. Incluso cuando lo haya alcanzando, siga imaginando más, sueñe nuevos sueños, y cree nuevas oportunidades, ampliando lo que ha construido usted mismo. La clave de su plataforma de lanzamiento es entender que usted y solamente usted debe definirse porque eso establecerá sus metas, su futuro, y su éxito en movimiento. Y aunque solamente usted es el responsable, el crecimiento al final requerirá que reclute ayuda profesional.

Esto requiere un profesional

Si quiere hacer crecer su negocio, obtenga la ayuda profesional que pueda permitirse. ¿Por qué? ¡Porque no puede permitirse no hacerlo! Una de las razones por las que quizá no esté creciendo tan rápidamente como esperaba es porque no ha reclutado a los profesionales que necesita para que su negocio crezca. Podría ser porque está intentando ahorrar dinero y aprende usted mismo nuevos sistemas, o podría ser porque sigue atascado en una mentalidad que considera su negocio demasiado pequeño o insignificante para emplear los servicios de abogados, contadores, y otros.

Cambiar a una altitud mayor requiere con frecuencia crear sistemas operativos coherentes para que haya un crecimiento funcional óptimo. Quizá los límites hayan quedado borrosos porque volvió a invertir todo en su negocio sin tener un salario real para usted mismo. Cuanto más insista en el hábito de desdibujar la línea entre sus finanzas personales y las finanzas de su negocio, más difícil será diferenciarlas más adelante.

Podría ser algo que puede hacer usted mismo si se le dan bien los números y la contaduría, con un poco de ayuda de los muchos recursos disponibles en línea. Puede utilizar software financiero, y una búsqueda rápida en la Internet podría conducirle al software que necesita. Existen sistemas de software para supervisar casi cada aspecto de un negocio: inventario, almacén, administración, cuentas por pagar y cuentas por recibir, sus clientes, presupuestos, salarios, recursos humanos, y muchos más. Podrá encontrar el software para cualquier tipo de reporte que necesite o cualquier supervisión que debería hacer, otra ventaja más de nuestra era digital.

Quizá descubra, sin embargo, que no tiene ni el tiempo ni la paciencia para aprender todo lo que debería hacer para los pormenores de su negocio. A menos que su negocio esté en sí relacionado con las finanzas (es usted planificador financiero o contador), esta área tal vez no sea su fuerte. Por eso muchos emprendedores contratan a profesionales: un contador, asesor tributario, o contador público, según lo que necesite su negocio. La mayoría de estos expertos probablemente tendrán experiencia en el trato con emprendedores que son dueños de sus propios negocios. Estos profesionales pueden guiarle en la buena dirección y ahorrarle mucho tiempo. Si las finanzas no son su fuerte, tener a un profesional que le guíe en esta parte de su negocio es una sabia inversión. Los profesionales con frecuencia pueden ayudarle a encontrar sistemas operativos factibles que le permitan pagarse a usted mismo. Pueden ayudarle en hacer un presupuesto y mantenerse en él para la salud óptima de su negocio.

Podría sorprenderle cuánta energía libera cuando tiene a otra persona, un profesional en quien confíe, manejando áreas de las que usted no sabe nada, como impuestos, Seguro Social, seguros, pensiones, y cuentas de reserva. No espere hasta que tenga la sensación de estar solo en una isla, esperando a que un maremoto financiero se lo lleve por delante. Obtener ayuda financiera profesional es con frecuencia un catalizador para el nuevo crecimiento, y puede ayudarle a asegurarse de que el lado financiero de su negocio esté sano y fuerte.

Seguir al dinero

Aunque siempre es inteligente aportar a su negocio profesionales que puedan complementar las fortalezas que usted tiene, cuando se trata del dinero nunca deposite todas las responsabilidades financieras en otra persona, en especial cuando se trata de llenar los cheques. El negocio es de usted, y es usted quien debe tener el control supremo de todo, especialmente de sus finanzas. Sus ojos tienen que mantenerse en los libros, incluso si no es algo que usted quiera hacer, incluso si no le gusta hacerlo, incluso si siente que le tomará demasiado tiempo; usted tiene que ser quien mantiene el control. Gran parte del crecimiento se reduce a prácticas obvias y sencillas, como limitarse a su presupuesto e invertir parte de sus beneficios otra vez en su negocio.

Si permite que sea otra persona quien llena los cheques, recomiendo que tenga dos firmas, e incluso con eso debe revisar sus libros contables con mucha regularidad. Hay multitud de historias de terror de personas que habrían tenido negocios exitosos pero en cambio tuvieron que cerrar porque alguien les robó su dinero.

Problemas como malversación y robo ocurren con frecuencia cuando el dueño da la espalda al lado financiero del negocio, pero no todas las pérdidas están relacionadas con prácticas deshonestas. Como dueño que es, cuando firme los cheques verá rápidamente los problemas que surjan. ¿Por qué está aumentando el costo de los bienes? ¿Por qué nuestros gastos son tan elevados este mes? Usted podrá ocuparse de los problemas en cuanto vea que surgen tales asuntos en sus varias cuentas. Cualquier persona exitosa le dirá que firme sus propios cheques, y cuando haga eso, todos los demás entenderán que usted se está ocupando de su negocio.

Y en última instancia de eso se trata el crecimiento: ¡ocuparse de su propio negocio!

CAPÍTULO 11

El milagro del mercadeo

Quemar su cajón para volar más alto

He aprendido que las personas se olvidarán de lo que usted dijo, se olvidarán de lo que usted hizo, pero las personas nunca se olvidarán de cómo les hizo sentir.

—Maya Angelou

Al haber crecido en la Era Espacial, me encantaba ver la película *Hidden Figures* (Talentos ocultos). Basada en el libro de no ficción de la autora Margot Lee Shetterly, la historia revela el papel dramático y vital que las mujeres afroamericanas desempeñaron para sostener el programa espacial de la NASA y sus exitosos esfuerzos durante la década de los sesenta. Básicamente, estas mujeres, conocidas como "computadoras con faldas", trabajaban como matemáticas e ingenieras en conjunto con los varones de raza blanca más visibles intentando liderar el programa. Sin embargo, sin estas mujeres tan ferozmente determinadas, es probable que el programa espacial tal como lo conocemos nunca hubiera existido!

En la película, vemos a la ganadora de un Oscar, Octavia Spencer, en el papel de Dorothy Vaughan, la primera supervisora de color en la NASA. Trabajando cuando seguía impuesta la segregación,

Vaughan demandó que su título reflejara el trabajo real de supervisión que ella ya estaba realizando. Cautivada por la premisa de la lucha de su personaje, Spencer al principio pensó que la historia era ficción. "Y entonces, cuando me di cuenta de que no era ficción", dijo en una entrevista, "fue incluso más imperativo ser parte de la historia. Ellas tenían una elevada educación, y eran mamás, y eran soñadoras, y tenían naturalezas feroces. Y por lo tanto, no me pasó por alto que había mucho más sobre quiénes fueron ellas" (http:// www.npr.org/2016/12/16/505569187/hidden-figures-no-more-meet -the-black-women-who-helped-send-america-to-space).

Estas mujeres no estaban satisfechas con aceptar el status quo y quedarse en casa en la cocina o trabajando en los roles socialmente aceptados que eran dictados por la segregación. Ellas sabían que eran tan capaces e inteligentes, si no más, que cualquiera de sus colegas. Querían ejercitar sus dones y cumplir el potencial dado por Dios que tenían para participar en algo que podría cambiar para siempre la historia.

En otras palabras, ¡estas mujeres eran, sin duda alguna, emprendedoras!

Evolución emprendedora

Estas mujeres fuertes y con propósito fueron parte de una evolución emprendedora que había comenzado décadas antes con los hermanos Wright y otros pioneros de la aviación, y que culminó con el Apollo 11 cumpliendo con éxito su misión el 20 de julio de 1969. Recuerdo cuando yo era un muchacho ver a Walter Cronkite en las noticias de la noche proclamar que habíamos aterrizado en la luna y que dos de los astronautas, Neil Armstrong y Buzz Aldrin, realmente habían *caminado* sobre la superficie lunar y habían plantado nuestras bandas y estrellas allí para señalizar nuestro triunfo en ser la primera nación en lograr una hazaña tan asombrosa.

Lo que antes había sido combustible para imaginativos relatos de ciencia ficción sobre naves espaciales y pequeños hombres verdes se convirtió en una realidad que cumplió la promesa de los primeros pioneros de la aviación, como los hermanos Wright. Mire, el lanzamiento a la Luna del Apollo 11 desde el centro espacial Kennedy en Florida, ¡pasó por Kitty Hawk! Si los hermanos Wright no hubieran inventado nunca una máquina voladora que, controlada por un piloto, pudiera despegar y mantener el vuelo, quién sabe cuándo o si alguna vez habríamos llegado hasta el espacio exterior y a la Luna.

Aunque podría haber sido tentador quedar satisfechos con pilotar aviones de un continente a otro, visionarios emprendedores siguieron empujando los límites de la ciencia conocida hasta que llegaron a nuevas alturas. Hoy día, esos límites siguen siendo empujados a medida que se están convirtiendo en realidad los vuelos espaciales comerciales. Empresas privadas como Virgin Galactic, SpaceX y Blue Origin han estado persiguiendo el viaje espacial comercial para los humanos durante las dos últimas décadas. Al escribir estas palabras, ellos, junto con varios otros proyectos empresariales, siguen desarrollando programas que transportarán al cosmos a miembros del público (http://www.space.com/24249 -commercial-space-travel-blasts-o-2014.html).

¿Puede imaginar eso? En nuestro tiempo de vida, ¡tal vez estemos viajando al espacio en nuestras próximas vacaciones! Pero cuando tal posibilidad se vuelva tan generalizada como Uber, habrá sido debido a una determinación implacable de ir más allá de las expectativas. Habrá sido porque emprendedores apasionados se negaron a conformarse con lo "bastante bueno" y en cambio se convirtieron en lo mejor. Y para los emprendedores que intentan llevar sus negocios al siguiente nivel, el mejor combustible para cohetes que conozco es intensificar sus esfuerzos de mercadeo.

¡El mercadeo hace la magia que puede transformar su avión en un cohete espacial!

Mercadeo misional

Aunque hemos hablado un poco de la importancia vital que ya tiene el mercadeo, creo que el mercadeo eficaz es tan primordial para el éxito final de su negocio, que ahora quiero desarrollar cómo pensamos en ello. Aunque quizá usted entienda su importancia para lanzar su negocio, me temo que hay demasiados emprendedores nuevos que subestiman el significado que tiene el mercadeo en mantener el vuelo y alcanzar su destino. Aprender a mercadear eficazmente es un proceso educativo continuado y requiere atención a las tendencias culturales, el momento adecuado, y las relaciones con el cliente.

El mercadeo es inherente al proceso de ser un emprendedor exitoso. Me temo que muchos dueños de pequeñas empresas consideran el mercadeo una tarea necesaria y pesada que deben hacer para mantener adelante su negocio, muy parecido a llenar documentos de impuestos o sacar la basura. Pero el mejor mercadeo es orgánico y está integrado en quién es usted, lo que vende, por qué lo vende, y a quién está intentando llegar. Los mejores esfuerzos de mercadeo se vuelven sinónimos de su marca incluso mientras la amplían, la mejoran y la refuerzan.

A riesgo de ser inmodesto y subestimar mi propia marca, me utilizaré a mí mismo como ejemplo. Cuando usted agarró este libro, existe una buena probabilidad de que hubiera oído de mí antes de ver mi nombre en la cubierta. Quizá me haya visto en televisión o me haya oído predicar cuando visitó The Potter's House. Tal vez me reconoció de una conferencia a la que asistió o de uno de los muchos eventos corporativos en los cuales soy el orador. Puede que haya leído alguno de mis otros libros, haya escuchado música que yo he producido, o haya visto aparecer mi nombre en los créditos de una película que vio.

En lo que haya podido ser, probablemente usted tuvo ciertas asociaciones e ideas preconcebidas de quién es T. D. Jakes y lo que se propone. Estos elementos dieron forma al modo en que usted percibe un producto, como este libro, que lleva mi nombre en él. Y más importante, estos factores también influyen en lo que usted espera recibir de leer un libro que yo he escrito sobre este tema. Mis editores lo denominan "beneficio del lector" o "necesidad percibida" del libro; básicamente, los beneficios y el rédito que usted recibirá de un libro en particular.

Si no sabía que soy un emprendedor además de ser pastor, entonces podría preguntarse qué podría saber yo sobre comenzar un nuevo negocio y por qué se aplicaría a usted. Pero en esta etapa de mi carrera, sospecho que la mayoría de las personas que me conocen entienden que estoy interesado en una variedad de temas en muchos medios diversos, lo cual me conduce a mantener varios hierros emprendedores en el fuego.

Aunque nunca me he propuesto marcarme a mí mismo de modo singular como emprendedor, ese paraguas cubre bastante bien mis muchos intereses y proyectos. De hecho, le advertiría contra ser demasiado estrecho con su identidad de marca y esfuerzos de mercadeo porque querrá dejar espacio para el crecimiento y la expansión, posiblemente en áreas que puede que no se le ocurrieron cuando comenzó. En cambio, piense en encontrar una manera de incorporar su misión a su mercadeo.

Al principio de mi carrera profesional me di cuenta de que todo lo que hago, desde el ministerio hasta música y películas, y más allá, gira en torno a mi deseo de informar, inspirar y entretener. Creo que vidas pueden ser cambiadas y transformadas mediante estos tres pilares relacionales, de modo que he construido mi ministerio, mis conferencias, mis libros, todo lo que hago, alrededor de asegurarme de que todos ellos reflejen información reveladora, inspiración innovadora, y entretenimiento excepcional.

Queme su cajón

Una de las historias que más ha influenciado mi enfoque del posicionamiento de marca y el mercadeo está en la Escritura. Un día, mientras leía la Biblia, se me ocurrió que Jesús predicó uno de sus mensajes más largos a cinco mil hombres, sin contar esposas, hijos, y otros familiares, ¡pero ni una sola palabra en el texto nos dice lo que Él dijo! Todo el enfoque está en lo que Él *hizo*:

> Tomó los cinco panes y los dos pescados y, mirando al cielo, los bendijo. Luego partió los panes y se los dio a los discípulos, quienes los repartieron a la gente. Todos comieron hasta quedar satisfechos, y los discípulos recogieron doce canastas llenas de pedazos que sobraron. Los que comieron fueron unos cinco mil hombres, sin contar a las mujeres y a los niños (Mateo 14:19-21).

¡Eso sí es un gran picnic! Pensemos: Él tomó el almuerzo de un muchacho de pan y pescados y lo convirtió en más que suficiente para alimentar a miles de personas hambrientas. Me llama mucho la atención que no sepamos lo que Él enseñó o predicó concretamente ese día, ¡pero sí sabemos lo que Él sirvió para el almuerzo! Su impacto estuvo en el milagro, y eso se convirtió en su mensaje. Él no tenía la Internet, radio, televisión, ni siquiera un folleto, pero cuando alimentó a los cinco mil, el mensaje del Mesías llegó a todas partes. Miles de personas se fueron de allí esa tarde hablando sobre Jesús, ¡y lo que Él había hecho por menos del precio de un Happy Meal!

Sospecho que este milagro ocurrió relativamente temprano en el ministerio público de Jesús. Obviamente, Él ya tenía una reputación porque anteriormente en este pasaje (Mateo 14:13-14) se nos dice que intentó retirarse y tener tiempo a solas; pero le siguieron multitudes y Él tuvo compasión de ellos y terminó sanando a los enfermos. Por lo tanto, entre sanarlos y alimentarlos, se había difundido la noticia sobre quién era Él y lo que podía hacer.

¡Su luz ya no estaba oculta debajo de un cajón! ¿A qué me refiero con eso? Aludiendo al modo en que debemos compartir nuestra fe con quienes nos rodean mediante lo que hacemos y decimos, Jesús explicó más adelante: "Ni se enciende una lámpara para cubrirla con un cajón". En otras palabras, si tenemos la luz, no deberíamos ocultarla donde nadie pueda verla. Sospecho que no se hablaba tanto sobre Jesús o su ministerio, o al menos no a gran escala, antes de que Él alimentara a los cinco mil.

Por audaz que pueda parecer, creo que este milagro de mercadeo tuvo éxito en difundir las Buenas Nuevas que Jesús vino a traer mejor que cualquier otra cosa que Él pudiera haber hecho. Él ya no solo era el hijo del carpintero de Nazaret; ¡Él era el Hijo de Dios todopoderoso, lleno de gracia y hacedor de milagros! ¡Eso sí que es difundir la noticia!

Una hermosa estrategia

Como emprendedores, también debemos quemar el cajón que evita que nuestros clientes vean nuestra luz. Debemos disipar el secretismo que amenaza el éxito de nuestro negocio y difundir la noticia sobre quiénes somos y lo que tenemos que ofrecer. De otro modo, independientemente de cuán talentosos podamos ser o cuán increíble sea nuestro producto, servicio o causa, no sirve de nada porque nadie lo conoce.

¿Qué caso tiene ser lo bastante inteligente para escribir un libro que nadie lee? ¿O para comenzar una empresa de bienes inmuebles que los posibles clientes no pueden localizar? ¿O un servicio de catering que los hambrientos planificadores de eventos no saben que existe?

Independientemente de lo que usted intente hacer, si su producto no puede encontrar a su audiencia o su audiencia no puede encontrar su producto, su negocio pierde. No es suficiente con tener una causa noble o un producto asombroso si no puede quemar el cajón que le separa de su posible audiencia.

Hash tags, nichos de mercado, y hacer análisis sobre la audiencia a la que intenta alcanzar es crítico. Puede gastarse muchísimo dinero en publicidad, pero si no llega a su demo, habrá desperdiciado ese dinero. ¡Es como vender bañadores a una estación que se anuncia en Anchorage! ¿Y quién quiere anunciar un método anticonceptivo en una revista para personas jubiladas? Saber quién es su audiencia y dónde alcanzarlos le ayuda a enfocar un dinero limitado a un grupo seleccionado.

Tiene que encontrar un modo de crear una impresión ante las personas adecuadas: posibles clientes y otros que puedan estar interesados o puedan ayudar a difundir la noticia. Y no tiene que gastar mucho dinero para dar en el blanco. De hecho, con pensamiento creativo y un enfoque estratégico, el mercadeo muy enfocado también puede ahorrarle mucho dinero.

Por ejemplo, hace varios años cuando estábamos promocionando *Jumping the Broom*, una dramedia que produje con Sony Pictures, ellos acudieron con un dinero limitado a la televisión y la radio mientras yo escogí una estrategia diferente y comencé a enfocarme en salones de belleza. Ya que teníamos un reparto predominantemente de color, enfoqué nuestro impacto en una audiencia estratégica y concentrada.

Yo sabía que las mujeres en nuestra comunidad utilizan el salón de belleza como su club de campo, de modo que hice planes en consonancia. El salón de belleza local es donde se difunden todos los chismes del barrio y se habla de las noticias en la comunidad. Por lo tanto, hicimos delantales de *Jumping the Broom* para esteticistas y estilistas y se los dimos como regalos en nuestras primeras proyecciones. ¡El alboroto fue una locura dentro de una audiencia específica!

Ayuda para la marca

Cuando haya lanzado su negocio y esté intentando volar hasta el siguiente nivel, es una buena idea repasar su estrategia de posicionamiento de marca y mercadeo. ¿Por qué arreglar algo que no está roto? Porque la estrategia de posicionamiento de marca y mercadeo que le lanzó al aire no necesariamente le mantendrá ahí o impulsará su ascenso a mayores altitudes de éxito. Utilice lo que ha aprendido hasta ahora para renovar su mensaje y hacerlo más personal, más preciso, más "usted". Y utilice lo que ha aprendido sobre sus clientes para encontrarlos y dirigirse a ellos con una precisión láser.

Repase de nuevo los puntos fundamentales de su mensaje de mercadeo y fuércese a usted mismo a pensar en respuestas nuevas. Su imagen de marca debería reflejar el mensaje de su empresa; tras el despegue, ¿sigue estando el suyo en consonancia? ¿O hay una brecha que hay que cerrar entre lo conceptual y lo tangible? ¿Qué es *concretamente* lo que quiere comunicar a su mercado acerca de su negocio? ¿Cuál es la historia que quiere relatar? ¿Qué es lo que sus posibles clientes saben sobre usted y su empresa? ¿Qué es lo que usted quiere que crean sobre usted? ¿Qué valores quiere comunicar a los clientes? Estas preguntas pueden proporcionarle un examen de comprobación de mercado para asegurarse de que su nuevo proyecto se mantenga sano y siga creciendo después de su lanzamiento. Ahora que ha establecido un fundamento para su marca, es un momento de construir. Si es inestable y necesita refuerzo, entonces añada piezas de apoyo necesarias para hacer que su mensaje y su visión sean claros y memorables. Aunque probablemente habrá escogido un nombre para su negocio en esta etapa, asegúrese de que encaja verdaderamente con su producto y la audiencia a la que se dirige. Por ejemplo, una vez conocí a una joven que acababa de abrir un spa matutino y le puso su nombre: Lapastii Ater Soror. Aunque el significado tras ese nombre, "hermosa hermana de color", era maravilloso y el modo en que ella lo pronunciaba era adorable, se dio cuenta rápidamente de que era una barrera para su negocio. Por lo tanto, unos meses después de la apertura, tomó la sabia decisión de cambiar el nombre de su spa por el de Oasis.

No estoy seguro de por qué esa joven decidió al principio poner su propio nombre a su negocio, quizá porque era cómodo u oportuno, pero sé que no encajaba en ninguno de los criterios para un buen nombre de empresa. No era fácil de pronunciar, no era fácil de deletrear, ¡y sin duda no era fácil de recordar! No comunicaba qué tipo concreto de negocio era, ni tampoco ningún tipo de mensaje pegadizo y emocional. Creo que es seguro decir que a menos que ella tuviera la fortuna de tener a varias celebridades hablando sobre su spa y enseñando al público general cómo pronunciar ese nombre, su nuevo negocio habría seguido batallando.

Para ayudarle a decidir si su nombre y su marca están teniendo el impacto que usted quiere, pida a varios clientes y otras personas a las que conozca bien que le den retroalimentación sincera. La joven que cambió el nombre de su negocio finalmente entendió que no estaba funcionando cuando una clienta sugirió bromeando que cambiara el nombre del spa por algo que otros pudieran pronunciar. Recuerde: *el mensaje que comunica comienza con el nombre de su negocio.*

Ajustar el nombre del juego

Si su nombre original no está funcionando o puede ajustarlo para aclarar su mensaje y su identidad de marca, entonces cámbielo antes de que pase más tiempo. Piense en nuevas ideas y vuelva a repasar su lista original de nombres y de ideas sobre qué nombre poner a su negocio. Entiendo su reticencia a cambiar el nombre de su empresa después de haberla lanzado, pero si no se está arraigando y conectando con los clientes, es mejor hacer un cambio ahora mientras su negocio sigue con vida que desear haber hecho el cambio cuando sea demasiado tarde.

Piense en los nombres de negocios como el suyo y enfóquese en qué le gusta en particular. ¿Son ingeniosos e implican juegos de palabras, como la zapatería que se llama Corazón y Suela? ¿Despierta su curiosidad con un reclamo a algo único o exótico, como una boutique de viajes llamada Bon Voyage? Quizá sea pura simplicidad y claridad lo que a usted le gusta, algo que vemos en Brown Girls Books, el nombre de una pequeña editora independiente fundada por dos mujeres afroamericanas.

Tener el nombre adecuado para su negocio es uno de los pasos más importantes para el crecimiento, y no debería tomarse a la ligera. Es el nombre que le representa en la esfera pública, y muy parecido a como Jesús alimentó a los cinco mil, usted querrá tener un impacto que no solo capte lo que está ofreciendo al público, sino también un nombre que comunica su mensaje y, si es posible, sus valores. No solo está poniendo nombre a un negocio; está estableciendo su marca.

Cuando proporciona servicios de consultoría de marca a emprendedores sobre nombres de negocios, un consultor de una importante empresa de posicionamiento de marca dice que primero pregunta a sus clientes: "¿Quiere que el nombre de su empresa encaje o destaque?". La respuesta parece obvia, ¿no es cierto? ¿Qué dueño de un negocio no querría que su empresa destacara? Sin embargo, algunas veces, advierte este consultor, los nuevos negocios que entran en ciertas industrias (seguros, cuidado de ancianos, planificación financiera) podrían necesitar un nombre que sonara más conservador y más "serio". Un nombre que sea muy original, en ciertos campos podría no ser tomado en serio por posibles clientes en otros ámbitos más conservadores.

Para la mayoría de nuevos negocios, sin embargo, su nombre y también su marca deberían ser distintivos, que destaquen de los competidores. Usted querrá que sea claro y conciso, pero que también tenga un elemento de sorpresa que refuerce sus productos o servicios. Dependiendo de cuál sea su campo de negocio, puede que un toque personal funcione mejor. Cualquier cosa que escoja, tenga en mente que mientras más diga su nombre, menos tendrá usted que decir y menos tendrá que educar sobre su negocio. Utilice el nombre de su negocio para impulsar su vuelo de mercadeo a la larga, ¡y no solo una breve conexión!

Mezclar combustible de cohete

Cuando tenga confianza en que ha escogido el nombre correcto para su negocio, entonces úselo como un catalizador para crear combustible para su impulso de mercadeo. Asegúrese de que su nombre está en consonancia con su logo, incluso si es algo tan sencillo como el nombre de su negocio con cierto tipo de letra y color. El nombre y el logo de su empresa deberían ser una parte central de todo lo que usted hace, desde su tarjeta de visita, su diseño frontal, su decoración interior, su página web y sus redes sociales, hasta sus materiales de publicidad y promoción. Preste atención a esos detalles porque son parte del mensaje que usted quiere comunicar a sus clientes: que sabe lo que hace y puede manejar todos los detalles implicados en darles servicio y proporcionar una experiencia excelente.

Una vez que tenga el nombre y el logo de su empresa, utilícelos de maneras nuevas y creativas para prender los motores de su cohete y comunicar el mensaje de su empresa. Igual que el nombre, su mensaje debería ser sencillo, memorable y distinto al mensaje de sus competidores. Si su empresa y su mensaje están en consonancia, entonces con el paso del tiempo ambos se vuelven prácticamente sinónimos. Consideremos algunos ejemplos:

Allstate Insurance: Estar en buenas manos nos da más
McDonald's: Me encanta
Nike: "Just Do It" [Simplemente hazlo]
Kentucky Fried Chicken: Para chuparse los dedos
Burger King: A tu manera
eBay: Cómpralo. Véndelo. Ámalo.
BMW: Cuando conduzcas, conduce

¿Qué tienen en común todos esos emparejados? Todos ellos comunican un mensaje memorable que está incrustado en el nombre del negocio u organización. Probablemente, la cuarta o quinta vez que usted lee o escucha el mensaje, podría repetirlo. Estos mensajes no solo son fáciles de recordar, también nos dicen algo sobre la empresa. Usted tiene unos pocos segundos para impresionar al cliente *y* comunicar su mensaje; por lo tanto, hágalo sencillo pero que sea algo que destacará. Si confía en "Zapatería Sherry: En el negocio desde el año 2000" o "Concesionario de vehículos Clyde: Sus especialistas locales", ¡entonces está desperdiciando una oportunidad inmensa y vitalmente importante!

Cuando haya puesto en consonancia el nombre de su marca y su mensaje, utilice esa combinación como el potente combustible de cohete que puede ser. Úselo en sus materiales promocionales, úselo en su publicidad, en su tarjeta de visita, sus productos de regalo como calendarios y llaveros; y sin ninguna duda, ¡téngalo en su página web y sus páginas de redes sociales! Cuando tenga su mensaje, es importante que siga usándolo a medida que refuerza su marca. Trabajar duro para hacer que su mensaje quede impreso en la memoria de todo aquel que encuentre creará pronto una combustión contagiosa de conciencia pública.

Solamente por qué

Cuando haya reubicado todas sus piezas clave, entonces es momento de ser creativo y estratégico para utilizarlas de maneras que estén en sincronía. La mayoría de las personas utilizan folletos, se anuncian en radio o en televisión, en carteles en línea, y comentarios en Facebook. Estos mensajes por lo general le dicen al consumidor *qué* tienen, pero con frecuencia no comparten *por qué* deberían comprarlo. El mercadeo estratégico no se trata del "qué" tiene usted sino también del "porqué". Como explica el gurú del emprendimiento Seth Godin: "El mercadeo ya no se trata sobre las cosas que usted fabrica, sino sobre las historias que relata".

¿Qué historia está usted relatando con su mercadeo y su mensaje? ¿Es esa la mejor narrativa para atraer a nuevos clientes y mantener

el negocio que ya tiene? ¿Qué papel desempeña el cliente en su historia? ¿Cómo puede hacer participar a los clientes *activamente*? Considere la experiencia que quiere dar a las personas cuando se encuentren con su mercadeo y su mensaje. ¿Cómo quiere hacerlos sentir? ¿Qué necesidad percibida quiere encender dentro de ellos para que sean atraídos a lo que usted ofrece? Una vez más, nunca olvide que está resolviendo un problema para ellos de alguna manera significativa, ya sea proporcionándoles comodidad, eficiencia, calidad, confiabilidad, o alguna otra combinación de senti mientos deseables.

Nunca subestime el poder de la diversión para difundir su mensaje. No hace mucho tiempo, la Asociación ELA consiguió obtener la atención nacional creando un juego brillante que hacía que todo el mundo, desde niños pequeños hasta las Kardashian quisieran participar. El reto del cubo helado barrió el país y estaba en todas partes, en televisión y en las noticias, y en todas las redes sociales; ¡y no costó ni una sola moneda! Su causa atrajo apoyo de personas que su presupuesto no podría haberse permitido nunca, pero debido a que fue un mercadeo impulsado por una causa, muchas celebridades, deportistas y artistas participaron alegremente y después subieron en línea su experiencia y escribieron sobre ella.

El mercadeo con propósito es crítico, en particular para organizaciones sin fines de lucro. Tan solo consideremos cómo la conciencia del cáncer de mama se ha vuelto sinónimo de un color. Y como resultado, la Fundación Susan G. Komen ha logrado que grandes jugadores de la NFL se pongan pantalones, gorras y guantes de color rosa a lo largo de todo el mes de octubre. La fundación ha sido maestra en utilizar el mercadeo impulsado por una causa. Entienden que a las personas les gusta estar tras una causa digna y respaldarla como embajadores que difunden un mensaje de conciencia y apoyo.

Usted no tiene que ser una organización sin fines de lucro para utilizar el mercadeo con propósito. Si está comprometido a ayudar y enriquecer las vidas de las personas en su comunidad, automáticamente atraerá comentarios positivos sobre su negocio. Recuerdo que cuando yo era pequeño, a veces era algo tan sencillo como que los negocios locales compraban uniformes para los equipos deportivos de los niños. ¡No subestime el impacto de tener a varias decenas de niños llevando el nombre de su negocio a sus espaldas durante meses! Los equipos de deportes profesionales conocen este truco también, y por lo general aceptan ofertas de patrocinadores corporativos para poner nombre a sus estadios.

También, busque oportunidades en las que pueda apoyar causas que de modo natural o lógico se relacionen con el tipo de negocio que usted tiene. Quizá su boutique infantil pueda patrocinar un maratón local que promociona la pérdida de peso y el bienestar para mamás primerizas. O su taller mecánico podría colaborar con Uber o con otro servicio de vehículos y ofrecer transporte gratuito las noches de los fines de semana en zonas donde hay una concentración de muchos bares y clubes. Podría ser simplemente dar una charla local o en un club cívico y proporcionar consejos para otros dueños de pequeños negocios y emprendedores.

Su esfuerzo de mercadeo impulsado por una causa podría implicar donar cierta cantidad de sus productos y servicios como parte de los objetos que se regalan en actos de recaudación de fondos o en otros eventos que tienen una causa. A cambio, usted tendrá su nombre en la lista y con frecuencia mostrado de modo destacado en el evento, al igual que permite que posibles nuevos clientes tengan una muestra de sus ofertas. Estas oportunidades pueden ayudar a exponer su negocio a nuevos sectores de su comunidad, a los que normalmente no podría llegar.

Los emprendedores astutos saben que simplemente no es

suficiente con ser bueno en algo; si respalda una causa, ¡puede prender un incendio viral!

A quién conoce

No olvide nunca que el mercadeo se apoya en las relaciones, no solo con sus clientes sino también con colaboradores estratégicos que pueden ayudar a multiplicar sus esfuerzos de mercadeo. Mi madre solía decir que el éxito no solo se trata de lo que usted sabe, ¡se trata de a quién conoce! Ella entendía que podía hacer participar a toda su red de relaciones para ayudarle a extender su marca y difundir su mensaje.

Este tipo de mercadeo podría ser tan creativo y relacional como conseguir que un rapero se ponga sus zapatos de diseño. Quizá no pueda tener acceso directo a tales celebridades o figuras públicas, pero alguien en su red podría ayudarle a captar su atención. Este tipo de mercadeo franquicia la influencia de otros para impulsar sus productos.

Y hoy día ni siquiera necesita una presentación para contactar se con la mayoría de personas influyentes. Utilizando las redes sociales, tiene acceso directo. Leí recientemente que algunos estudiantes de secundaria contactaron con un famoso defensa de la NFL porque su maestra, que era una gran fanática del equipo de este jugador, dijo que si este jugador contactaba con ella directamente, los niños no tendrían que hacer su examen final. Efectivamente, los estudiantes contactaron en línea y la estrella del fútbol respondió a su petición, contactó con su maestra, ¡y la maestra canceló su examen!

A veces, no necesita un endoso de una celebridad para comunicar su mensaje. En cambio, necesita lo que Malcolm Gladwell denomina "conectores" y "expertos" en su libro clásico contemporáneo *El punto clave*. Según Gladwell, a los conectores les encanta el trabajo en red, presentaciones de mercadeo, y proporcionar el pegamento relacional entre las muchas personas que conocen y se encuentran. Son las personas que usted conoce ¡y que parecen conocer a todo el mundo! Debido a que con frecuencia son extrovertidos y sociables, estos conectores disfrutan de ayudarle a conocer a otras personas.

Los expertos difieren de los conectores, según Gladwell, en que los expertos proporcionan información sobre varios productos, servicios y negocios. Son sus amigos a quienes les encanta ir de compras con usted porque saben qué está en rebajas en qué tiendas. Por naturaleza, les gusta comparar varios negocios y encontrar los que tengan las mejores ofertas, los mejores productos, y el mejor servicio al cliente. Un experto a quien le cae bien usted y su empresa de modo natural estará dirigiendo más negocio hacia su camino.

Sea como sea que quiera llamarlos, las personas que saben maximizar su presencia en línea son con frecuencia recursos de mercadeo muy valiosos. En nuestra comunidad global en línea, sencillamente tener un fuerte seguimiento en línea puede llevarle a tener un papel en una película, un contrato récord, o un empleo como corresponsal de noticias. Puede lanzar una carrera como cantante, maquillador de artistas, decorador de interiores o modelo basándose en cultivar una gran base de seguidores en línea.

¡Porque nunca se sabe quién podría estar mirando! Quizá lo ha olvidado, pero la superestrella pop Justin Bieber fue descubierta por Usher en un video en YouTube. Así fue también como el artista de hip-hop conocido como Soulja Boy llegó a lo más alto de la lista Billboard en 2010 con su éxito "Crank That". Con una inmensa base de seguidores en línea en MySpace y YouTube, este joven artista de Chicago captó la atención del productor de hip-hop Mr. Collipark, quien le hizo un contrato con Interscope Records. Se dice que ganó más de siete millones de dólares ese año, convirtiéndolo en uno de los artistas de hip-hop mejor pagados de su generación (https://monetizepros.com/features/25-celebrities-who-got-rich-famous-on-youtube/).

O consideremos cómo Whitney White ha acumulado una increíble presencia en línea desde que subió un video de perfil en su canal Naptural85 para conmemorar el utilizar un peinado natural. Ese video inicial condujo a presentaciones sobre estilismo, mejores prácticas, y tutoriales para otras mujeres interesadas en tener un look parecido. Hoy día, ella tiene más de un millón de seguidores gracias a YouTube, Facebook, Twitter e Instagram (https://www.youtube.com/user/Naptural85/about).

Yo aprendí de primera mano el valor de aprovechar las plataformas en línea. Cuando estaba haciendo mi programa de entrevistas, una de las cosas de las que hablábamos mis productores y yo a la hora de escoger a un invitado con frecuencia incluía cuántos hits en YouTube tenía o cuántos amigos en Facebook tenía. Entendíamos que cuando esos invitados subieran en línea su visita al programa o mencionaran haber aparecido en mi película, obtendríamos espectadores adicionales o ventas de billetes que normalmente no habríamos conseguido. ¡Estas influyentes personalidades en línea nos ayudaron a quemar el cajón sin tener que añadir nada al presupuesto!

Al concluir nuestra exploración de los tipos de mercadeo que pueden llevarle al siguiente nivel, espero que haya sido inspirado a probar nuevos enfoques y a iniciar estrategias creativas. Tan solo recuerde que un mercadeo estupendo no depende de cuánto dinero se gaste; se apoya en el valor consistente en su mensaje. Un gran mercadeo proporciona a los posibles clientes una experiencia que establece una relación con usted y su negocio. Desde esa relación nace la confianza, la cual a su vez conduce a un mayor beneficio para usted.

En última instancia, ¡los mejores métodos de mercadeo siempre proporcionan una exposición máxima por un costo mínimo!

CAPÍTULO 12

Nuevas fronteras

Crear su legado

Mi legado es que me mantuve en curso…desde el principio hasta el fin, porque creí en algo en mi interior.

—Tina Turner

Pronto estaré celebrando la sexta década de mi vida. De hecho, cuando usted lea esta palabras, Dios mediante, habré pasado este hito y habré entrado en el capítulo siguiente de mi vida, mi ministerio, y mi carrera como emprendedor. Aunque anticipo la emoción de la celebración con mi familia y amigos, les he dejado claro que será mejor que no reciba ninguna tarjeta "a propósito", globos negros, ¡o ramos de flores funerarios! Sí, este cumpleaños es un momento especial para mirar atrás y apreciar el sabor de las muchas bendiciones que hay en mi vida, reflexionar y hacer inventario, y alegrarme en todo lo que he tenido el privilegio de lograr durante mi tiempo aquí en la tierra.

Pero también es momento para mirar hacia delante ¡y dar comienzo a algunos proyectos nuevos! Si me conoce usted un poco, entonces sabrá que no soy una persona que se queda sentada y descansa en los laureles, ¡hablando de los viejos tiempos de antaño! Siempre he mirado el futuro, anticipando las interminables posibilidades y puntos potenciales de poder que están esperando al otro lado del horizonte, explorando oportunidades creativas no imaginadas aún y también recogiendo el fruto de lo que una vez solamente fue instinto e intuición. Soy un firme creyente en que lo mejor está aún por llegar, ¡no solo para mí sino también para usted!

Excuse sus excusas

Ya sea que tenga dieciséis o sesenta años, sin importar donde pueda estar en su periodo de vida, está usted equipado de modo único para darle vida a su visión emprendedora, para convertirla en un éxito próspero, y para dejar un legado de sabiduría, riqueza y dignidad a quienes vienen detrás. Sea usted un milenial que acaba de comenzar y, como mi hijo que entra en la industria musical, quiere que le tomen en serio, o sea usted un jubilado de la generación *baby boomer* que se pregunta si debe atreverse a comenzar un nuevo proyecto a esta edad y esta etapa, tiene lo que se necesita para volar. Es momento de excusar sus excusas y tomar algunas decisiones que pueden cambiar el resto de su vida, y cambiar el impacto que podría tener su negocio sobre su familia durante generaciones.

Con demasiada frecuencia me encuentro con personas que han coqueteado con ser emprendedores durante toda su vida, pero nunca se han arriesgado a emprender la acción para encender este aspecto de su identidad. Se han quedado en las bandas laterales, leyendo libros de negocios y asistiendo a conferencias, pensando en ideas y hablando de posibilidades con amigos, viendo el programa *Shark Tank* y sabiendo más que los participantes a los que ven lanzando nuevas ideas a inversores expertos. Pero con los años, estos individuos se han quedado en el borde de la pista, demasiado asustados para arriesgarse a redefinirse, reinventar sus carreras profesionales, y redistribuir las responsabilidades en sus vidas.

Si es usted una de esas personas, entonces le exhorto a dejar a un lado este libro ahora mismo; bien, como estamos en el último capítulo, ¡puede terminarlo antes! Emprenda la acción hoy mismo. Tan solo dé un paso. Quizá sea mirar sus finanzas y calcular realmente cuánto podría invertir en un nuevo negocio y lo que sería necesario para mantener su estilo de vida durante los primeros años. O podría ser simplemente ir a una de las muchas páginas para registrar nombres de dominios en línea y comprobar si ese nombre del negocio que ha estado flotando en su mente durante meses está disponible. Tal vez sea mantener una conversación con alguien a quien conoce en la iglesia y que está haciendo lo que a usted le gustaría hacer.

Tras ese primer paso hoy, comience a hacer una lista de pasos que puede dar a continuación y ver cuáles deben ir antes que los otros. Vuelva a leer este libro y tome notas sobre aquello con lo que más se identifique y lo que requiera mayor estudio y más investigación. Entonces trace un bosquejo de su plan de negocio y pida al menos a dos emprendedores que conozca y en quienes confía que lo critiquen para usted. Incluso si algunos pasos parecen estar fuera de orden, el hecho de que esté haciendo algo le conducirá a lograr que sus sueños despeguen del suelo y lleguen al aire.

Si es usted una de esas personas que me dirían que es demasiado tarde, que su barco ya ha zarpado, entonces le aliento con fuerza a reconsiderar su calendario. Me encuentro con muchas personas, muchas de ellas en la iglesia, que se han jubilado recientemente y se comportan como si sus vidas hubieran terminado. Suponen que porque ya no pueden ir a trabajar cada día y sus hijos son adultos, bien podrían quedarse sentados en la funeraria y esperar a que llegue su turno. Se visten como si fueran ancianos de ochenta o noventa años en lugar de los sanos hípsters en los cincuenta y sesenta que podrían ser.

Perdóneme por exagerar (aunque solo un poco) para establecer mi punto, pero si cree que es demasiado tarde para convertirse en un emprendedor, entonces ¿por qué sigue leyendo este libro? ¿Podría ser que en lo profundo de su ser sabe que tiene lo necesario si solamente da un paso de fe? ¿Podría ser que desee dejar un legado para sus hijos y nietos de modo que sus vidas puedan ser enriquecidas por su ingenuidad, innovación de imaginación?

Si se siente tentado a ocultarse tras esta excusa, entonces es mi oración que reconsidere su entendimiento de la jubilación. Solo porque se haya jubilado de un empleo o una carrera no significa que su vida haya terminado. Es como cuando estamos en la secundaria y finalmente nos graduamos. Habíamos cumplido los requisitos educativos para un hito importante en nuestras vidas, pero sospecho que usted nunca le diría a un joven de dieciocho años: "¡Felicidades! Pero lo siento, tu vida ha terminado". ¡No! De hecho, es precisamente lo contrario; esta ceremonia se denomina "de comienzo" ¡porque es el principio de un capítulo de la vida totalmente nuevo!

Lo mismo es cierto para usted, amigo. La edad y la experiencia, cuando se combinan con acción y entusiasmo, ¡pueden formar un potente par de alas!

Legado de fe

Además de experiencia y experimentación, también necesitará fe si quiere dejar un legado que enriquezca a generaciones futuras. Porque la herencia que usted deja para su familia y seres queridos no consiste solamente en posesiones monetarias y materiales; también consiste en su valentía, carácter, creatividad y combustibilidad, cualidades que pueden influenciar las preferencias y predisposiciones de sus hijos y nietos tanto como el código grabado en su ADN. Si es usted un modelo del tipo de integridad, diligencia e innovación que requiere ser un emprendedor exitoso, establece un precedente que es más poderoso que cualquier privilegio real de tiempos de antaño.

De hecho, no necesita mirar más allá del linaje de Jesús para ver el modo en que sus ancestros, tanto varones como hembras, contribuyeron a su genealogía divina aquí en la tierra. Y consideremos cuántas veces estos antepasados sufrieron desengaños, desastre, enfermedades y devastación. Mujeres como Rut y Rahab, que vieron a Dios convertir sus riesgos en recompensas. Hombres como Jacob y David, desamparados que pelearon contra sus impulsos internos tanto como con sus antagonistas externos. Generación a generación, cada una perseveró para proporcionar más para sus hijos y nietos, para dejar más a sus espaldas de aquello con lo que habían comenzado.

Y no solo los ancestros de Jesús; la Biblia está llena de historias de hombres y mujeres con espíritu emprendedor que fueron recompensados por su fidelidad como administradores de Dios. En el libro de Hebreos en el Nuevo Testamento se incluye un quién es quién de la Biblia que relata lo que venció cada individuo y aquello por lo que son recordados ahora. Este pasaje comienza definiendo la fe como "la certeza de lo que se espera, la convicción de lo que no se ve" (Hebreos 11:1, RVR1960). Estos dos ingredientes, *certeza* de lo que usted esperaba y *convicción* de lo que antes era tan solo un sueño, forman una receta divina para la fe que se extiende más allá de nuestra religión, denominación o lugar de adoración.

Certeza aquí significa literalmente "apoyar" o "sostener". Se refiere a la manera en que nuestra fe apoya quiénes somos y todo lo que hacemos del mismo modo que el cimiento sostiene un edificio. Sin un fuerte fundamento de fe, usted habría renunciado a sus

sueños hace mucho tiempo. ¡Pero no lo ha hecho! Sigue aún per-
siguiéndolos y estando dispuesto a esperar más a medida que los
desarrolla.

Convicción tal como se utiliza en este versículo significa "creencia concluyente". Igual que un científico realiza experimentos para
probar sus hipótesis hasta llegar a una conclusión, también nosotros nos apoyamos en la prueba y el error en la búsqueda de nuestros sueños emprendedores. Aplicada a nuestra fe, convicción es
nuestra confianza interior en ver a Dios bendecir nuestros esfuerzos y ungir nuestras acciones.

Dé lo mejor

Subrayando su punto de que la única manera de conocer a Dios y
disfrutar de su favor es por la fe, y solamente la fe, el escritor de
Hebreos nos da entonces un ejemplo tras otro de hombres y mujeres que decidieron seguir a Dios a pesar de lo que les dijeron la
lógica humana, el sentido común y otras personas. Comienza con
Abel, a quien se recuerda por lo que ofreció a Dios como un acto de
adoración. Muy similar a las tres personas con la tarea de invertir
los talentos de su dueño, la historia de Abel nos recuerda que demos
siempre lo mejor.

Al hablar de Abel, no puedo evitar pensar en que el escritor de
Hebreos también quería recordarnos cómo Dios redimió una situación familiar que parecía no tener esperanza. Podría usted recordar que Adán y Eva tuvieron dos hijos: Caín y Abel. Dios pidió a
ambos hombres que le presentaran una ofrenda de sus cosechas.
Abel era pastor y entregó sus corderos mejores y más engordados.
Sin embargo Caín, que era un granjero que araba el terreno, dio
una ofrenda que no agradó a Dios. Enojado y celoso de su hermano,
entonces Caín asesinó a Abel.

Como si abandonar el huerto de Edén no fuera suficiente, Adán y Eva perdieron a sus dos hijos. Pero su historia no había terminado aún. Dios los bendijo con otro hijo, Set, que fue quien extendió su linaje y redimió la pérdida de sus hermanos. Por lo tanto, incluso cuando sienta que ha perdido su chispa de lo que una vez fue un fuego emprendedor en su interior, nunca es demasiado tarde para dar nacimiento a un nuevo hijo, un Set, que pueda llevar adelante su legado. Si tiene usted fe, entonces Dios tendrá un encuentro con usted y alimentará las semillas de sueños nuevos que Él ha puesto en su interior, y les dará fruto. ¡Pero no debe tirar la toalla!

El escritor de Hebreos pasa a enumerar muchos otros hombres y mujeres famosos del Antiguo Testamento, la mayoría de los cuales recordará usted de la escuela dominical. Pero para nuestros propósitos como emprendedores, hay uno que destaca del resto por el modo en que ejercitó su fe. Aunque todos estos santos del pasado son elogiables por diversas razones, se nos dice que Noé fue recordado en este salón de la fama de la fe por sus obras. "Por la fe Noé, advertido sobre cosas que aún no se veían, con temor reverente construyó un arca para salvar a su familia. Por esa fe condenó al mundo y llegó a ser heredero de la justicia que viene por la fe" (Hebreos 11:7).

Noé, como podría recordar, recibió la tarea de comenzar a construir un arca mucho antes de que llegaran las lluvias. Tuvo que decidir si confiar en Dios y emprender la acción para prepararse para lo que estaba a punto de suceder, o si confiar en sus propios sentidos y las perspectivas de las personas que lo rodeaban. Dando un paso de fe, Noé decidió agarrar su martillo y comenzar a construir algo que probablemente no tenía sentido para nadie más; ¡quizá ni siquiera para él mismo! Pero como los hermanos Wright y otros pioneros emprendedores, Noé actuó según el sueño que había recibido, y eso le salvó la vida. Y no solo su vida, ¡sino también las vidas de su familia y finalmente de la raza humana!

Estoy convencido de que dar esos pasos de fe y avanzar con acciones concretas es con frecuencia nuestro mayor reto como emprendedores. ¡Pero no podemos dejar nuestra fe fuera de nuestro plan de negocio! Debe usted hacer la investigación y las diligencias correspondientes, debe planear y mirar hechos fácticos, pero en algún punto tiene que confiar en que sus alas le elevarán del suelo. Si creáramos un salón de la fama para grandes emprendedores, le garantizo que emprendedores como Steve Jobs, Oprah Winfrey, George Washington Carver, Shonda Rhimes, Wilbur y Orville Wright, Mary Kay Ash, Thomas Edison, y Tyler Perry podrían atestiguar cada uno de ellos del papel que desempeñó la fe en su ascenso.

Tal vez sea tentador pedir a Dios que le ayude a comenzar un nuevo negocio y después esperar que un inversor llame a su puerta, pero eso no es vivir por fe; eso es vivir por necedad porque usted no está haciendo su parte para que Dios haga la suya. Va a necesitar darlo todo y llamar a esos inversores, convocar reuniones, preparar su presentación, y ensayar su lanzamiento.

Incluso después de haber establecido su negocio y haberlo visto tener éxito, no puede dejar un legado para futuras generaciones conformándose con menos de lo mejor de Dios. Tendrá que continuar corriendo riesgos, perseverando en los problemas, trabajando duro, y haciendo crecer su negocio. Como Abel, debe usted continuar dando lo mejor. Como Noé, tendrá que seguir construyendo su barca incluso cuando no haya ni una sola nube en el cielo.

Si quiere que Dios bendiga sus esfuerzos y transforme su innovación convirtiéndola en una herencia, entonces debe mantener la fe y hacer la obra. Es aquí donde los mileniales y los adultos jóvenes puede que tengan que sobreponerse a un sentimiento de derecho que los tienta a saltarse el trabajo duro que sus padres hicieron, para darles el potencial para hacer más de lo que ellos están viviendo ahora. Construir su legado como emprendedor requiere fe, y la fe requiere participación activa. Como mi madre que compraba propiedades cuando era una joven esposa y madre para así poder sostener a su familia en décadas futuras, debe usted mirar hacia adelante a su futuro y hacer lo necesario ahora para asegurar el legado que quiere dejar más adelante.

Mis ojos sobre usted

De hecho, su legado es ya una obra en progreso, se dé cuenta o no. Y una vez más, no es solamente cuánto beneficio está obteniendo y depositando en las cuentas de ahorro de sus hijos o los fondos para la universidad de sus nietos; se trata de lo que está compartiendo de usted mismo, su experiencia y su sabiduría. En una conferencia sobre liderazgo donde enseñé recientemente, hice hincapié en el concepto de que cuando está dirigiendo cualquier tipo de negocio, sea grande o pequeño, es importante participar en el intercambio de conocimiento con una inversión en las personas, particularmente individuos más jóvenes que le miran a usted para obtener dirección.

Esta cadena de favores va más allá del mero trabajo en red, también proporciona un puente desde su presente hasta su futuro. Esta es una de las cosas más importantes que podemos hacer no solo para construir nuestros negocios sino también para tener un impacto positivo en nuestras comunidades y futuras generaciones. En el libro de los Salmos, Dios le dice a David: "Te haré entender, y te enseñaré el camino en que debes andar; sobre ti fijaré mis ojos" (Salmos 32:8, RVR1960). Sospecho que este es el tipo de modelo a seguir y maestro que debemos ser también para quienes están en nuestra esfera de influencia.

A medida que trabaja para establecer relaciones productivas que pueden ayudarle a construir su negocio y ayudar a otros al mismo tiempo, le aliento a que se enfoque en tres metas. La primera es que debería enseñar hacia abajo. Al comenzar su negocio, puede que se pregunte a quién puede enseñar; pero siempre hay alguien que sabe menos que usted, y debería enseñar lo que usted sabe a alguien que no lo sepa.

La segunda es que debería enseñar buenas prácticas a sus iguales en relaciones laterales. Usted no solo puede aprender también de ellos, desde luego, sino que esta conexión con otros que vuelan a altitudes parecidas a la suya también proporciona otra ventaja. Sus iguales son quienes comparten las mismas bendiciones y cargas. Ellos entienden lo que usted está experimentando. El trabajo en red, ser mentor y la enseñanza que realiza con este grupo es muy valiosa, porque hay veces en que puede que le resulte más difícil tener compañerismo con aquellos que no están aún en el mismo espacio aéreo.

Quizá haya ocasiones en que necesite desahogarse o hacer preguntas difíciles, y solamente quienes han caminado en sus mismos zapatos entenderán y podrán proporcionar respuestas, dirección y guía. Relacionarse al mismo nivel le mantendrá enfocado, motivado y alentado para seguir persiguiendo sus metas. Ayudará a estimular ideas que pueden ayudarle a sostener, aumentar y ampliar su negocio.

Finalmente, no olvide mirar hacia arriba al invertir en otros y hacer depósitos para su legado emprendedor. La mayoría de nosotros no queremos mirar a alguien a quien le va mejor que a nosotros por diversas razones. Quizá nos sintamos intimidados por su éxito o nos preguntemos qué podrían ellos aprender de nosotros. Pero levantar la mirada también le permitirá recibir mientras da. Le permitirá ser lleno de más información, conocimiento y sabiduría, de modo que el ciclo pueda continuar. Todo lo que aprenda de mirar hacia arriba puede compartirlo en sus relaciones laterales y su enseñanza hacia abajo.

Esto parece un concepto muy sencillo, pero es esencial si queremos tener un impacto transformador en nuestra comunidad y crear un legado duradero para nuestros hijos. Enseñar, acercarnos y levantar la mirada nos permite participar en el crecimiento personal unos de otros al igual que en el éxito emprendedor. Si siguiéramos con más diligencia este concepto en nuestra comunidad, podríamos cerrar el círculo del pensamiento de pobreza que con frecuencia nos rodea. Estaríamos haciéndonos responsables de nuestro éxito e invirtiendo en el éxito de pioneros, artistas, innovadores y emprendedores que llegarán.

Uno para todos

Este concepto sin duda no es nuevo. De hecho, creo que es la razón por la cual otros grupos culturales llegan a América y, sin ni siquiera hablar una sola palabra de inglés, pueden abrir negocios y prosperar. Pensemos en cómo sucede eso: una familia sale de su tierra natal donde las oportunidades están gravemente limitadas y llega a los Estados Unidos. Los hijos de la familia van a la escuela mientras los adultos encuentran trabajo haciendo cualquier cosa que pueda pagar su comida y su renta.

A su llegada, nuestra familia extranjera de ficción también establece contacto con otros en su comunidad cultural, aprendiendo todo lo que pueden sobre este país y el mundo de los negocios aquí. En muchos casos, varias familias podrían incluso participar en una situación de vida comunal. Viven de modo conservador, ahorrando todo el dinero que pueden, y unos años después de su llegada pueden abrir su propio negocio. Entonces, después de algunos años, llegan otros familiares, y a estas alturas la familia que llegó primero les enseña. Poco después abren otro negocio u otras ubicaciones del primero, y la familia comienza a construir verdadera riqueza, trabajando todos juntos para la mejora de sí mismos y las generaciones futuras.

Trabajan como colaboradores para crear un legado que disfrutan muchas ramas del mismo árbol familiar. Mientras tanto, siguen trabajando dentro de su comunidad, enseñando, acercándose y levantando la mirada. Y cuando enseñan hacia abajo, recorren todo el camino hasta sus hijos. Estas familias no están construyendo su negocio para una generación; todo se trata de un legado para ellos. Construyen sus negocios implicando a sus hijos todo el tiempo. En raras ocasiones sus hijos ni siquiera reciben una oportunidad; desde el principio son incorporados al negocio. Ellos aprenden el significado y la satisfacción del trabajo duro a una edad temprana.

Si la familia es dueña de un supermercado, los niños están ahí metiendo en bolsas los productos. Si son dueños de un salón de manicura, los niños están ahí limpiando y preparando todo para el siguiente día de trabajo. Si son dueños de una tintorería, los niños clasifican la ropa y la dirigen hacia la limpieza más apropiada para cada una. Mediante ese trabajo y la enseñanza de sus padres y otros familiares más mayores, los hijos se convierten en parte del negocio. Se les está entregando el negocio cada día de sus vidas. Eso es lo que hacen; siempre son el maestro de alguien, pero también son, siempre, el alumno de alguien. Este es el modelo que tenemos que reconocer y aprender a utilizar para que también nosotros podamos ascender.

He pasado mucho tiempo enseñando hacia abajo y acercándome a mis iguales porque disfruto de ambas actividades. Lo que quizá le sorprenda saber es que también levanté la mirada. Todos tenemos que levantar la mirada, porque ninguno de nosotros habrá llegado nunca verdaderamente. Cuando me estaba preparando para comenzar mi propio programa de entrevistas, Oprah, el Dr. Phil y Steve Harvey se acercaron todos ellos a mí, haciéndome saber que si tenía alguna pregunta o necesitaba algo, ellos estaban dispuestos a ayudar. Me sentí muy agradecido de que se acercaran a mí porque lo cierto es que yo ya había planeado mirarlos a ellos. Quiero mirar a personas que ya hayan hecho lo que yo quiero hacer y que lo hayan hecho bien. Quiero mirar a personas que ya estén donde yo quiero estar. Quiero su conocimiento y su sabiduría porque cualquier cosa que puedan enseñarme, cualquier cosa que pueda aprender, acortará mi curva de aprendizaje. Por lo tanto, haré preguntas sin importar la edad que tenga, y haré muchas, y aprenderé todo lo que pueda porque no solo quiero hacerlo bien, también quiero estar preparado para las siguientes personas que necesitarán que yo me acerque y les enseñe.

Si este pudiera convertirse en el mantra de nuestra comunidad (enseñar, acercarnos y mirar), ¡creo que podríamos tener un fundamento sólido de emprendedores visionarios construyendo un legado duradero para próximas generaciones!

Escritura en el cielo

Muchas veces, cuando las personas se me acercan buscando consejos sobre sus proyectos emprendedores, presentan su plan de negocio con una claridad asombrosa y respaldada por datos de ventas sólidos y actualizados y también estudio de mercado. Responden cada una de mis preguntas con una respuesta concreta y pensada, indicando que ha habido pensamiento y deliberación previos. Han escogido un nombre original y memorable para su negocio, y va acompañado por astutos eslóganes, logos y materiales de la marca. Han asegurado el dominio de la página web de su negocio y han contratado a un diseñador web que encaja en su presupuesto.

Estos individuos son como pilotos sentados en sus aviones en la pista de despegue. Sus motores están en marcha, su carga ha sido almacenada dentro del avión, y todas las comprobaciones están completas. La torre de control les ha dado permiso para el despegue, y sin embargo continúan sentados, jugueteando con sus motores y esperando cierta señal. Con frecuencia, han estado orando acerca de comenzar su negocio o pedir a Dios que revele el momento correcto para su lanzamiento.

Tras haber completado su descripción y haber respondido mis preguntas, por lo general les sonrío y pregunto: "¿Cómo puedo ayudarle? Parece que ya está usted preparado".

"¿De veras?", me dicen. "Entonces, ¿cree que debería dar el salto e ir adelante?".

"Yo no puedo responder esa pregunta", digo. "Solamente usted puede hacerlo. Pero si está esperando a ver letras en el cielo o alguna otra señal para asegurarle que su negocio no fracasará, se tambaleara o se hundirá, entonces me temo que nunca comenzará. El riesgo es siempre una parte de la alegría de ser emprendedor, ¡de modo que acéptelo!".

Esas palabras no son siempre la bendición que ellos están esperando de mí, pero son las mejores y más sinceras que puedo ofrecer. Por lo tanto, con toda la esperanza y la oración de que su visión se convierta en una realidad, le aliento también a usted a completar el trabajo previo, construir su visión, y verla volar. No hay ninguna garantía de éxito o secreto alguno para asegurar que su proyecto despegará de tierra y alcanzará las alturas a las que usted quiere llegar. Probablemente no verá palabras en el cielo escritas por Dios o por cualquier otra persona que le gustaría.

Pero puedo prometerle lo siguiente: si nunca se arriesga a despegar de tierra y volar, siempre vivirá con lamento. Llegará al final de su vida preguntándose qué le sucedió a su visión, cómo se habría visto el mundo desde 30 000 pies de altura, deseando haber reunido la valentía, como los hermanos Wright, y Dédalo e Ícaro, para emprender vuelo.

Al concluir nuestro viaje por los cielos del éxito emprendedor, parece adecuado que le deje con un mensaje urgente que tomo prestado de uno de los mejores eslóganes publicitarios de todos los tiempos: *simplemente hazlo*. El tiempo es esencial, amigo, y aunque nunca es demasiado tarde para comenzar, no querrá desperdiciar ningún tiempo en el presente cuando podría estar invirtiendo en su futuro. Haga el trabajo duro requerido para comenzar su negocio, compruebe las condiciones meteorológicas y los patrones del viento, pida a Dios que bendiga sus esfuerzos y le dé dirección y sabiduría, y entonces, ¡simplemente hágalo!

Tiene la capacidad en su interior de tener éxito por encima de sus sueños más osados. El cielo no es ningún límite para todo lo que puede hacer con lo que Dios le ha dado. Por lo tanto, tenga una visión realmente grande para lo que puede lograr, y estire sus talentos y aprenda a medida que crece con las alas que ha trabajado tanto para desarrollar. Sonría a las aves que vuelan a su lado y besan las nubes mientras se prepara para ver su visión alcanzar alturas que nunca podría haber imaginado, y a medida que descubre todo lo que espera por delante cuando se atreve a volar. Espero oír de usted algún día, quizá en una conferencia o evento corporativo, cuando usted se acerque y me diga que desempeñé un pequeño papel para proporcionar alas de aliento por debajo de sus alas de éxito. Hasta ese momento, que Dios le acelere en su viaje.

Ya no es momento de elevarse, amigo; ¡es momento de volar!

Reconocimientos

Sin importar cuán independiente, autosuficiente u original pueda usted ser, nunca conseguirá que sus sueños despeguen de tierra y mantengan el vuelo sin la ayuda de numerosos individuos igualmente talentosos. A lo largo de mi vida he sido bendecido por cientos de personas que me han enseñado, me han retado, y me han inspirado a explorar nuevas empresas y trazar yo mismo un camino. Estoy muy agradecido a los muchos líderes de pensamientos, emprendedores, directores generales, y oficiales electos que han polinizado mis habilidades brutas con su gran experiencia permitiéndome entrar en sus salas de juntas y ambientes de negocio. Sin ustedes, ¡nunca habría sido capaz de llevar a buen puerto mis planes de vuelo!

Rolf Zettersten y su equipo, mis editores en FaithWords, aceptaron la forma singular de *¡Vuele!* desde el principio y compartieron una visión mayor de lo que ninguno de nosotros pudo haber imaginado cuando este libro emprendió vuelo por primera vez. Gracias a mis editores, Joey Paul y Virginia Bhashkar, por su arduo trabajo y dedicación a lo largo del proceso.

Estoy en deuda con mi equipo en TDJ Enterprises, incluido mi hijo Jamar Jakes, por sus muchas aportaciones que han permitido que *¡Vuele!* despegue según lo programado.

Dudley Delffs compartió su sabiduría sobre la redacción y aportó su destreza editorial al proceso de elevar *¡Vuele!* Gracias, Dudley, ¡por volar conmigo!

Jan Miller y Shannon Marven y su equipo en Dupree Miller & Associates siguen siendo copilotos de mis proyectos literarios con energía, eficiencia y emoción. Sus incansables esfuerzos hablan más que las palabras sobre su apasionada inversión en mí y en mi misión.

Gracias, Jermaine, Jamar, Cora, Sarah y Dexter por el privilegio de verles abandonar el nido y emprender vuelo exitosamente hacia la edad adulta. Estoy agradecido por mis hijos adquiridos, el esposo de Cora, Brandon Coleman; y el esposo de Saran, Touré Roberts. Mi maravillosa esposa, Serita, ha volado a mi lado en todos los altibajos y ha seguido proporcionando su amor, seguridad, apoyo y serenidad en todos ellos. Mi amor y mi agradecimiento a todos ustedes.

Y lo más importante, ¡a Dios sea la gloria por todo lo que Él ha hecho!

Apéndice

Referencias y recursos

Comenzar un nuevo negocio es una tarea abrumadora, independientemente del tamaño de empresa que quiera crear. Ya sea que esté estableciendo una pequeña boutique, horneando pasteles en su casa, o soñando con algo mayor, querrá establecer su nuevo proyecto correctamente desde el principio. Nunca podrá llegar a tener demasiada información o estar demasiado familiarizado con los fundamentos de una buena práctica de negocio, y por eso he creado esta sección como un recurso que cubre algunos de los pormenores del negocio. Esta colección de definiciones, referencias y recursos no es de ninguna manera global o definitiva; es simplemente mi compilación seleccionada que tiene intención de equiparle con los puntos fundamentales de la propulsión aerodinámica necesarios para hacer despegar su negocio de tierra. Espero que les resulte útil y la consulte frecuentemente.

Definición de términos

Propietario único

Un propietario único es el modelo de negocio más sencillo y, como su nombre da a entender, se refiere a un negocio que una sola persona posee y dirige. El dueño, o propietario único, tiene el control directo de todas las partes del negocio y es también responsable de todas las finanzas del negocio, incluida cualquier deuda. Legalmente, en propietario único no existe diferencia alguna entre el negocio y la persona. Aunque el dueño recibe todos los beneficios del negocio (ingresos, rentabilidad, bienes, al igual que valores cancelados para impuestos), el dueño es también financieramente responsable de cualquier pérdida. Por ejemplo, si el negocio debe algún dinero, las finanzas personales del dueño pueden utilizarse para cubrir esa deuda.

Aunque el dueño y el negocio son básicamente una sola entidad, el negocio puede tener un nombre distinto. Con frecuencia varía según el estado o la región, pero tradicionalmente se ha conocido como "Hacer negocio como", o DBA, por sus siglas en inglés. Esto le permite utilizar un nombre ficticio para su negocio que sea distinto a su nombre personal, y le permite operar en todas las funciones bajo ese nombre, incluido obtener una cuenta bancaria para su negocio, lo cual es una parte esencial de dirigirlo exitosamente y mantener registros verificables.

Sociedad

Una sociedad es un negocio que es poseído por más de una persona, con la división de activos y pasivos determinada en el acuerdo de sociedad. Las obligaciones de cada parte también tienen que detallarse en el acuerdo de sociedad, al igual que las responsabilidades económicas, de modo que ambos o todas las partes operen bajo las mismas pautas y un entendimiento contractual coherente.

Yo soy un gran creyente en las sociedades. Dos o más personas que trabajan juntas permiten que el negocio aproveche las fortalezas y las destrezas de cada parte para crear un total mayor que la suma de las partes. No es tan solo un cliché; ¡dos cabezas son mejores que una! Con más conocimiento, más experiencia y más talento, las probabilidades de éxito siempre serán exponencialmente mayores.

Corporación

Una corporación opera como una entidad legal separada de los dueños o del grupo de directivos, con frecuencia conocido colectivamente como junta de directores. La corporación tiene todos los derechos legales de un individuo y puede hacer contratos y otros acuerdos legales, obtener crédito, contratar a empleados, y demandar o ser demandada por otro individuo como entidad corporativa.

Existen varios tipos de corporación, siendo la más común una corporación C, una corporación S, y una LLC (empresa de responsabilidad limitada). Cada tipo de corporación tiene ventajas contextuales concretas y también limitaciones, y cada una conlleva distintas implicaciones impositivas. A fin de decidir qué estructura es mejor para usted, haga sus tareas y después consulte a un contador profesional, abogado de negocios, o ambos. No cargue su negocio con más capas administrativas de las necesarias para operar con eficacia y eficiencia.

Activos

Los activos incluyen todo el efectivo, equivalentes al efectivo (incluidas cuentas por pagar), y propiedades que posee un negocio. Productos en inventario, muebles de oficina, materiales como computadoras, teléfonos celulares y tabletas son todos ellos activos, aunque con el tiempo no retendrán el valor de lo que usted pagó por ellos. Pero todos tienen valor y pueden liquidarse en cualquier momento. Se consideran activos tangibles, objetos que usted puede tener en sus manos, vender si es necesario, e inyectar efectivo al negocio.

La mayoría de negocios tienen también otros bienes más intangibles, entre los que se incluyen marcas, patentes, derechos de autor o propiedades intelectuales. Durante un periodo de éxito sostenido, incluso en nombre de un negocio puede convertirse en un bien y añadir valor financiero a un negocio y a su valía.

Pasivos

Lo contrario a los activos, los pasivos se refieren a objetos en la columna negativa de la hoja de balance, y representan cualquier deuda que tenga el negocio, la cual a su vez reduce el valor neto de la empresa. Los pasivos con frecuencia incluyen tarjetas de crédito, préstamos del negocio, y facturas destacadas que haya que pagar a proveedores o a otros suministradores. Todos los impuestos que tienen que pagarse y cualquier dinero que se deba a los inversores también deben considerarse pasivos.

No todos los pasivos son actuales, queriendo decir que algunas facturas deben pagarse inmediatamente (por ejemplo, la renta de su espacio de oficina llega cada mes), contrastadas con la deuda a largo plazo, como un préstamo que se va pagando a lo largo del tiempo.

Flujo de efectivo

El flujo de efectivo se refiere a la cantidad de dinero que *entra* y *sale* del negocio de manera regular, con frecuencia cada mes o cada trimestre. Básicamente está determinado por restar pasivos inmediatos de activos líquidos a fin de calcular el balance restante o el efectivo disponible. Un flujo de efectivo positivo significa que el dinero que entra es suficiente para cubrir gastos, deudas y reinversión (en términos de mercadeo, promoción o expansión), y también para apartar dinero y ahorrar para tener un colchón contra futuros problemas económicos que puedan surgir.

Vale la pena repetir este punto: cada negocio necesita tener dinero ahorrado por la misma razón por la cual usted tiene dinero en una cuenta de ahorro personal. Se producen gastos inesperados, quizá se avería una máquina o sus beneficios mensuales son menores de los proyectados. O puede suceder algo positivo: un negocio de catering puede recibir un pedido más grande de lo normal y necesita dinero adicional proveniente de los ahorros para cubrir los costos adicionales para poder entregar esa orden. Cualquiera que sea la razón, todo negocio debe tener algún dinero apartado. El flujo de efectivo negativo, desde luego, significa precisamente lo contrario: el negocio no está recibiendo dinero suficiente para cubrir gastos. El flujo de efectivo debe supervisarse muy de cerca porque demasiados meses de flujo negativo agotarán todos sus activos y recursos, forzándole a poner fin a las operaciones presentes de su negocio.

Cuentas por cobrar

Cuentas por cobrar se refiere a la cantidad de dinero que deben a su negocio sus clientes. Muchos negocios no tienen cuentas por cobrar porque los clientes pagan los productos que reciben en el momento de la compra. Muchos negocios de servicios, sin embargo, como los centros de cuidado diurno, agencias de cuidado de la salud en casa, y negocios de conserjería facturan mensualmente. En estas situaciones, por lo general se da a los clientes un periodo de "30 netos", lo cual significa que tienen 30 días para realizar el pago del producto o servicio recibido. Este es dinero en proyecto. Cuando se pague, este flujo de efectivo en su negocio contribuye a su salud general, tanto a corto plazo como anualmente.

Balance

¡Sospecho que todos sabemos lo que es! El balance es la cantidad de dinero que el negocio ha ganado o perdido durante un periodo de tiempo completo, por lo general un mes, un trimestre o un año. La mayoría de negocios analizan esto mensualmente en lugar de hacerlo semana a semana, porque pueden cambiar muchas cosas en el corto periodo de siete días. Una perspectiva a treinta días, sin embargo, ofrece una medida bastante precisa de cómo se va desempeñando su negocio mes tras mes. Esta perspectiva generalmente proporciona una imagen de tendencias, como qué meses son más fuertes, cuándo van aumentando o disminuyendo los beneficios, y cuándo aumentan o disminuyen los gastos. Estos patrones y ciclos le ayudan a entender si su balance es fuerte o necesita ser fortalecido.

Reportes financieros

Los reportes financieros del negocio le dan un relato global de todo lo que está sucediendo dentro del negocio financieramente. Hay varios reportes que usted (o su contador) deberían crear y compilar para su negocio regularmente. Estos reportes son por lo general documentos requeridos cuando se busca financiación o se presentan propuestas a posibles inversores.

Incluso si está construyendo este negocio usted mismo con sus propias finanzas, tiene sentido realizar estos reportes regularmente para poder tener una comprensión de la salud de su negocio. Después de todo, aunque quizá usted no tenga ningún inversor externo, *usted mismo* ha invertido. Usted es el accionista y, por lo tanto, debería tener una idea de cómo está creciendo su inversión.

Los tres reportes financieros más cruciales para supervisar el lado financiero de su negocio son:

1. Hoja de balance

   La hoja de balance es un resumen financiero que indica el balance, o cuadro general, de un negocio. Le dice lo que vale un negocio (lo que posee la compañía y lo que debe) durante un periodo concreto (mensual, trimestral, anual) y proporciona una fotografía del negocio para ese marco de tiempo. La hoja de balance incorpora los activos de la empresa, sus pasivos, y el capital del negocio y la participación del dueño.

Se llama hoja de balance porque el reporte tiene dos colum-
nas y los dos lados deberían balancearse mutuamente. Un lado
enumera todos los activos del negocio y el otro lado enumera los
pasivos y la participación del dueño.

Activos = Pasivos + Participación del dueño

2. ESTADO DE GANANCIAS Y PÉRDIDAS

Este resumen financiero (al que también se hace referencia
como Estado de Resultados o Resumen de Ingresos) toma una
fotografía de ventas e ingresos proyectados comparados con los
gastos (para el mismo periodo) para determinar el beneficio neto
durante ese tiempo. La fórmula para el estado de ganancias y
pérdidas normalmente es como sigue:

**Ganancia bruta – gastos operativos totales = Ganancia
neta**

Aunque la mayor parte del tiempo el estado de ganancias y
pérdidas se realiza trimestralmente o anualmente, algunos negocios pueden calcularlo para una duración más breve. Con ciertos negocios, proyectar un estado de ganancias y pérdidas con
frecuencia tiene sentido para determinar la viabilidad de cierto
evento, producto o cliente. Quizá pueda ser el caso para un planificador de eventos o un catering. Por ejemplo, un planificador de
eventos que intenta determinar la rentabilidad de un evento en
particular compararía la **ganancia bruta**, la cantidad de dinero
que el planificador de eventos ganará por realizar el evento, con
el **total de gastos operativos**, el costo de realizar el evento. Esto
tiene que incluir todos los costos en que incurrirá el planificador
de eventos, como la renta del lugar (si el planificador cubre eso),

los salarios de los empleados para los servicios adicionales que se utilizarán para el evento, todos los costos de comida y bebida, los costos de cualquier música u otro entretenimiento, el costo de viajes, y cualquier otro gasto que el planificador de eventos tenga que cubrir, y así sucesivamente. La diferencia entre la ganancia bruta y el total de gastos operativos determina la **ganancia neta** (o **pérdida neta**).

Para un planificador de eventos, este resumen puede determinar si un empleo en particular es lo bastante rentable para aceptarlo. Realizar un estado de ganancias y pérdidas durante un periodo de tiempo más largo y después comparar el actual resumen con otros anteriores destacará cualquier cambio en su negocio, y podría mostrar posibles áreas de preocupación. Por ejemplo, quizá vea que sus ingresos o ganancia bruta está creciendo pero sus gastos están aumentando a un ritmo o porcentaje mayor. Cuando ve este tipo de bandera roja, puede analizar los pasos que podría dar.

3. Estado de flujo de efectivo

Este estado destaca cuánto dinero está entrando al negocio y cuánto dinero está saliendo del negocio. Lo que está entrando incluye todas las ventas: efectivo, tarjetas de crédito, cuentas por cobrar. Lo que sale incluye todo el crédito y gastos de deuda, salarios, impuestos, y también préstamos o cualquier otro gasto que deba pagarse. Este estado le ayudará a responder esta pregunta tan importante: ¿puedo mantenerme en el negocio con esta proporción? En otras palabras, ¿puede mantener el vuelo a esta altitud sabiendo la cantidad de combustible necesaria para volar a esa altura? Los estados de flujo de efectivo muestran la liquidez de la empresa.

Otros recursos

Somos afortunados de vivir en el momento en que existe una abundante riqueza de recursos para educar, estimular y acelerar a los empresarios. Estos son algunos de mis favoritos para comenzar en Estados Unidos. Dependiendo de sus necesidades y del tipo de negocio que desea lanzar, realice la mayor cantidad posible de investigaciones en línea para utilizar los recursos más pertinentes para usted.

1. **Asociación de Pequeños Negocios** (SBA, por sus siglas en inglés) (www.sba.gov) es mucho más que un recurso de préstamos. La SBA es una agencia independiente que ayuda, asesora, ayuda y protege los intereses de las pequeñas empresas. Desde proporcionar guías de recursos hasta talleres y kits de herramientas para ayudarlo a comenzar su negocio, la SBA es un recurso valioso para toda pequeña empresa.

2. **Asociación Nacional de Trabajadores por Cuenta Propia** (NASE, por sus siglas en inglés) (www.nase.org) es la asociación empresarial no partidista más grande del país. Brinda a los propietarios de pequeñas empresas el apoyo diario que la mayoría de los empresarios necesitan, incluido el acceso a expertos, beneficios y recursos educativos, información sobre la financiación y los privilegios y el poder adquisitivo de una gran organización. La información en su sitio web también lo

mantendrá al tanto de cualquier cambio inminente que pueda afectar su negocio. Y también hay una parte de financiación de la organización. Es la asociación sin fines de lucro más grande de los Estados Unidos.

3. **Federación Nacional de Negocios Independientes** (www.nfib.com) es una red de más de 300 000 propietarios de negocios independientes en los 50 estados y Washington, DC. Su declaración de misión es: "Promover y proteger su derecho a poseer, operar y hacer crecer su negocio". Es el principal grupo de defensa para propietarios de pequeñas empresas, y además de su defensa, ofrecen productos y servicios comerciales para pequeñas empresas con descuentos.

4. **Score** (www.score.org) es un programa de emparejamiento de mentores en el que los nuevos dueños de negocios se asocian con mentores voluntarios que tienen una gran cantidad de información y años de experiencia.

5. **LivePlan** (www.liveplan.com) ofrece un software de plan de negocios para ayudarlo a armar su plan. Hay muchos tipos diferentes de software disponibles para construir su plan de negocios. Si LivePlan no es viable para sus propósitos, continúe buscando el software adecuado para su empresa.

6. **Small Business Trends** (www.smallbiztrends.com) es una galardonada publicación en línea para propietarios de pequeñas empresas con artículos que lo ayudan a llevar su negocio al siguiente nivel. Contiene artículos e ideas sobre cómo usar la tecnología, maximizar el mercadeo, construir su marca y manejar situaciones financieras, este es un recurso invaluable para su educación empresarial en curso.

7. **Entrepreneur** (www.entrepreneur.com) ofrece tanto una revista impresa como digital que brinda a los propietarios de

pequeñas empresas ideas, consejos, inspiración y estrategias para ayudarlo a hacer crecer su negocio.

8. **Black Enterprise** (www.blackenterprise.com) comenzó como un importante recurso de noticias comerciales y de inversión para los afroamericanos, pero ahora la revista y el sitio web se han convertido en mucho más. El sitio web BlackEnter prise.com ofrece toda la información e historias inspiradoras que la revista ha estado proporcionando desde 1970 (y aún lo hace). Si bien la revista es mensual, el sitio web se actualiza constantemente, por lo que debe consultarlo con frecuencia para conocer las últimas noticias y recursos para sus intereses comerciales.

Acerca del autor

T. D. Jakes es autor de éxitos de ventas número uno del *New York Times* con más de cuarenta libros, y es el director general de TDJ Enterprises, LLP. Es el fundador de la iglesia de treinta mil miembros Potter's House, y su programa ministerial en televisión, *The Potter's Touch*, lo ven 3,3 millones de televidentes cada semana. Ha producido música galardonada con el Grammy y películas como *Heaven Is for Real*, *Miracles from Heaven* y *Jumping the Broom*. Siendo un maestro en la comunicación, realiza eventos como MegaFest, Mujer, ¡eres libre! y otras conferencias a las que asisten cientos de miles de personas. T. D. Jakes vive en Dallas, Texas, con su esposa y sus cinco hijos. Visite www.tdjakes.com.

Antonia $100
Ari pans $20
Pizza $16
Movies $34
Popcorn $25
Cicibel $43
Yamiry $40
Banco $250
Cena Vienes $30

Uber $12 +5   Rosita $8
Pizza $16   Manual Violin $6
Movies $36   Yamiry $50
icecream $13   Rosita $10
Ari $66.72
Dunkin D. $11
Palomitas $25
Charity $2
Supermercado $30

                   Teresa $75
Lluvia $200   Melisa $1 105
Antonia $ Emily $ 450
                   Katelyn 450
                   _____
Subtitles   Ari Ceo $1,005
_____   Banco $200
For vedios   Teresa $75